HATİCE KÜBRA TONGAR

İYİLEŞEN ÇOCUKLUĞUM İYİLEŞEN ANNELİĞİM

Hayykitap - 775
Mutlu Aile - 48

İyileşen Çocukluğum
İyileşen Anneliğim
Hatice Kübra Tongar

Kapak Tasarımı: Latif Çetinkaya
Sayfa Tasarımı: Turgut Kasay

ISBN: 978-625-7909-83-9
1. Baskı: İstanbul, Ekim 2020

Baskı: Yıkılmazlar Basım Yay.
Prom. ve Kağıt San. Tic. Ltd. Şti.
15 Temmuz Mah. Gülbahar Cad. No: 62/B
Güneşli - İstanbul
Sertifika No: 45464
Tel: 0212 630 64 73

Hayykitap
Zeytinoğlu Cad. Şehit Erdoğan İban Sk.
No: 36 Akatlar, Beşiktaş 34335 İstanbul
Tel: 0212 352 00 50 Faks: 0212 352 00 51
info@hayykitap.com
www.hayykitap.com
facebook.com/hayykitap
twitter.com/hayykitap
instagram.com/hayykitap
Sertifika No: 12408

HATİCE KÜBRA TONGAR

İYİLEŞEN ÇOCUKLUĞUM İYİLEŞEN ANNELİĞİM

Hatice Kübra Tongar
kubratongar@gmail.com
facebook.com/BagirmayanAnneler
instagram.com/haticekubratongar
twitter.com/KubraTongar

Lisans eğitimlerini Sosyoloji ve Çocuk Gelişimi alanlarında yapan Tongar, Bezm-i Âlem Vakıf Üniversitesi'nde Aile Danışmanlığı teorik, pratik ve süpervizyon eğitimini okul ikincisi olarak tamamlayarak 'Aile Danışmanı' unvanını aldı. Arel Üniversitesi'nde Psikoloji (Yüksek Onur Derecesi), Üsküdar Üniversitesi'nde Çocuk Gelişimi (Yüksek Onur Derecesi) alanında yüksek lisans yaptı. Deneyimsel Oyun Terapisi, Theraplay Oyun Terapisi, Projektif Çocuk Testleri, Kısa Süreli Çözüm Odaklı Terapi gibi pek çok terapistlik eğitimi aldı.

Yazı yazmak, ilkokul yıllarında başlayan kompozisyonlarla birlikte hep hayatında oldu. Makaleleri çeşitli dergilerde yayımlandı. *Milat* gazetesinde haftalık köşe yazarlığı yaptı. Çocuğa dair birçok projenin metin yazarlığını yürüttü. Türkiye'nin ilk interaktif çocuk CD projesi olan 'Muallim Çocuk'un metinlerini yazdı. Ulusal radyo ve televizyon kanallarında pek çok çocuk eğitimi programı hazırlayıp sundu.

Bağırmayan Anneler kitabı yüz binlerce annenin başucu eseri oldu. Yayımlandığı ilk iki yıl 'Türkiye'nin en çok okunan çocuk eğitim kitabı' unvanını aldı.

Kısa sürede milyonlarca kişiye ulaşan 'Bağırmayan Anneler' sosyal medya hesabında annelerle buluşmaya devam eden Tongar, Türkiye'nin dört bir yanında seminerler veriyor. Ve her daim 'eş' ve 'annelik' rollerini layığıyla yerine getirme duasını sürdürüyor...

Hayykitap'tan yayımlanan kitapları:

- *İyileşen Çocukluğum İyileşen Anneliğim*, Ekim 2020
- *Canı Sıkılan Çocuklar İçin Ev Yapımı Oyunlar*, Temmuz 2020
- *Canı Sıkılan Çocuklar İçin Ev Yapımı Bilimsel Etkinlikler*, Temmuz 2020
- *Zuzu İle Allah'ın İsimlerini Öğreniyorum-1 Benim Canım Fasulyem*, Mayıs 2020
- *Zuzu İle Allah'ın İsimlerini Öğreniyorum-2 Kırmızı Başlıklı Kız*, Mayıs 2020
- *Zuzu İle Allah'ın İsimlerini Öğreniyorum-3 Bilim Fuarında Bir Gün*, Mayıs 2020
- *Allah'ım Ben Geldim*, Şubat 2020
- *Bağlanma Günlüğü*, Ocak 2020
- *Çocuklarımızla İtişmeyelim İletişelim*, Eylül 2019
- *Üç Çocuk Bir Rüya Peygamberimi Anlat Bana*, Şubat 2019
- *Bağırmayan Çocuklar*, Ekim 2018
- *Kardeş Kardeş Geçinen Çocuklar Yetiştirmek*, Mayıs 2018
- *Neee? Kümese Yeni Bir Civciv mi Geliyor?*, Mayıs 2018
- *Yarışı Yavaşlar Kazanır*, Ocak 2018
- *Korkutarak Değil Sevdirerek Din Eğitimi*, Eylül 2017
- *Bağırmayan Anneler*, Nisan 2017
- *İlk 12 Ayda Bebeğin Gelişimi Beslenmesi Oyunları*, Şubat 2017
- *1-5 Yaş Çocuğunun Gelişimi Beslenmesi Oyunları*, Şubat 2017
- *Çocuk Eğitiminde 100 Mucize Çözüm*, Ekim 2016
- *Allah'ı Arayan Çocuk*, Ekim 2016
- *Başımın Üstünde Yerin Var*, Ekim 2015
- *Fıtrat Pedagojisi 2: Peygamberlerin Çocuk Eğitim Metotları*, Ekim 2015
- *Fıtrat Pedagojisi*, Şubat 2015

Kendi iç çocuğunu doğurmaya,
ona sarılıp kendi çocukluğunun başını okşamaya
hazır mısın güzel anne?

O halde hadi başlıyoruz.

Kendi iç doğumuna hoş geldin sefalar getirdin.

İÇİNDEKİLER

İYİLEŞEN ÇOCUKLUĞUM, İYİLEŞEN ANNELİĞİM...

'Ey insan, sen kendini basit bir şey mi zannedersin.
Sende âlemler gizlidir.'
Hz. Ali (ra)

İnsan, içine doğduğu ailede birçok deneyim yaşıyor. Sevmeyi, sevilmeyi, hayata bakmayı, olayları okumayı, kızmayı, üzülmeyi hep ebeveynlerinden, en çok da annesinden öğreniyor. Eğer kişi annesiyle güven içinde bir bağ kurabilmişse, onun yanında kendini emniyette hissediyorsa, en önemlisi annesinin yanında rol yapmaya ihtiyaç duymadan olduğu haliyle kabul görüyorsa, tüm bunları yaşayamayan kişilere göre hayata değil 1-0, 1000-0 önde başlıyor. Bu yüzden sağlıklı bir anne-kız ilişkisi bir annenin kızına verebileceği en değerli hediye, en kıymetli miras bana göre.

Bizim çocukluğumuzda (Ben 80'li yıllarda doğdum) aileler genellikle 'Kızını dövmeyen dizini döver', 'Dayak cennetten çıkmadır', 'Eti senin kemiği benim' algısının hâkim olduğu ebeveynlik tutumlarına sahiptiler. Pek çoğumuz dayak yiyerek büyüdük. Çocukluğumuzda sadece fiziksel değil, cinsel, duygusal, psikolojik pek çok şiddet türü de vardı. O yıllarda bunların olması olağan ve normal, olmaması abartılı ve ütopik bulunuyordu. Hatırlıyorum, benim çocukluğumda ebeveynler çocuklarına attıkları dayağı bir övünç meselesi gibi anlatabiliyordu. 'O şöyle yapınca ben de bi dövdüm!' cümlesi, 'Ben o kadar iyi bir ebeveynim ki, çocuğumun hatalarını şiddetle cezalandırıyorum. Bu kadar disiplinliyim' anlamına geliyordu. Ama tabii işin doğrusu bu değildi. Bunu büyüyünce fark ettik.

Ben de -aynı dönemde çocukluk yaşamış pek çoğunuz gibi- çocukluğumda şiddete maruz kaldım. Bugün 36 yaşındaki halimle görüyorum ki, çocukluk hatıralarımdaki en acı verici anlar içinde şiddet olanlar. Büyüdükçe gördüm ki, şiddetin acısı sadece yanakta kalmıyor. Yüreğe kadar işliyor.

Peki sadece dayak mı canımızı yakıyor? Elbette hayır. En az onun kadar can acıtan deneyimler var. Duygusal istismar, ihmal, cinsel istismar, psikolojik şiddet... Her biri çocukluğumuzun temiz sayfalarında kara lekelere sebep olan etkiler ortaya koyuyorlar. Ve işin asıl önemli kısmı çocukluğumuzda kalmıyor, yetişkinlik yıllarımızda birer karakter örüntüsü, birer mizaç özelliği ve dahi tekrar edip duran birer annelik aktarımı olarak karşımıza çıkıyorlar.

Bu olayları yaşarken belki çoğu zaman etkilerini fark etmiyoruz. Bunun normal olduğunu, belki tüm annelerin böyle olduğunu (bağırdığını, hakaret ettiğini, eleştirdiğini, dövdüğünü vs) düşünüyoruz. Oysa büyüdüğümüzde bunun böyle olmadığını görmek içimizi çok acıtıyor. Anlıyoruz ki anneliğin doğası böyle değil, böyle davranmayı seçen bizim kendi annemizmiş. Bu gerçek canımızı yakıyor.

Bu acıyla baş etmek kolay olmadığı için geçmişimizdeki olumsuzlukları ya bastırarak, görmezden gelerek, 'Mutlu bir çocukluk geçirdik canım, insanlar neler yaşıyor' deyip mantığa bürüyerek ya da ebeveynlerimizin yaptığı yanlış davranışlara mantıklı gerekçeler üretmeye çalışıp (Annemin zamanı mı vardı ki bize baksın, yazık kadına, hem koca hem kaynana uğraşıp duruyordu), onları idealleştirerek (iyi ki beni dövmüşler, bak ne iyi bir insan oldum) kurtulmaya çalışıyoruz.

Sanıyorum 27 yaşındaydım. Bir dostumun evine bebek mevlidi için gitmiştim. Mutfağa gidip yardım edeceğim bir şey olup olmadığını sordum. Arkadaşım çay servisini yapmamı rica etti. Tamam deyip çayları doldurdum. Tepside 30-35 bardak çay vardı. Alıp içeri doğru yürümeye başladığımda ellerimin titrediğini, bacaklarımın yandığını hissettim. 27 yaşında, iki çocuk annesi koca kadındım ama çayı dökerim diye deli gibi endişeleniyordum. O akşam eve dönünce düşündüm. Kendime 'Neden böyle hissediyorum' diye sordum. Çay dökülse ne olur, diye düşündüm. İçimdeki çocuğa tam da bunu sordum:

'Çayı döksen ne olacağından korkuyor ya da endişeleniyorsun?'

Kendinize canınızı acıtan, yetişkinlik yıllarınıza bahsettiğim olaydaki gibi sızan bilinçdışı kayıtlarınızı sorduğunuzda pek çok anıya ulaşıyorsunuz. Varlığını bile bilmediğiniz kayıtlar bazen bilincinizde, bazen rüyanızda, bazen de duygu dünyanızda belirmeye başlıyor.

O çay tepsisi, çocukluğumda var olan ve sıklıkla kulağıma yapamayacağımı, beceremeyeceğimi fısıldayan 'eleştirel anne dilini' tetiklemişti. Bilinçdışıma sızmış eleştirel cümleler yıllar içinde bir 'yetememe/beceremememe' şeması inşa etmiş, ne iş yaparsam yapayım kendinde hep bir eksik ve kusur arayan, kolay tatmin olamayan, hata kabul etmeyen bir iç sese dönüşmüştü. Bu öyle bir yapılanmaydı ki, yıllar boyu kendimi hem eş, hem anne olarak 'eksik' hissetmeme neden olmuştu.
Bilinçdışıma sorduğum 'Çayı döksen ne olacağından korkuyor ya da endişeleniyorsun?' sorusunun ardından, yine cevap bilinçdışımdan geldi. Bir şeyi bana söylendiği gibi yapamazsam eleştirileceğimden, azarlanacağımdan, aslında işin özünde anneme yaranamayıp sevgisini kaybedeceğimden korkuyordum. Bu bir çocuk için olduğu kadar bir yetişkin için de çok yorucu bir şemaydı.

Yıllar içinde bunun gibi pek çok çocukluk şemamla yüzleştim. Kimilerini değiştirdim, kimilerini geliştirdim, kimilerini ise olduğu gibi kabul ettim.

Bu noktada şunu söylemekte fayda görüyorum. Bu cümleler 'kötü bir çocukluk geçirdik' anlamına gelmiyor çünkü bence kötü çocukluk ya da iyi çocukluk diye kesin tanımlar yapmak çok doğru değil. Her birimizin çocukluğuna dair güzel anıları ve kötü anıları var. Her birimiz bazen doğru, bazen yanlış davranışlar sergileyen ebeveynlere sahibiz. Dolayısıyla hepimizin çocukluğunda aynı olumlu hatıralar gibi, olumsuz ve travmatik yaşantılar da mevcut.

Sonra şunu sorguladım. Geçmiş neden geçmiyor? Çocukluk yılları temcit pilavı gibi neden defalarca ısıtılıp karşımıza çıkıyor? İşte bu sorular beni bilinçdışımın karanlık sularına doğru bir yolculuğa çıkardı. Gördüm ki, insan bu suları aydınlatmadıkça feraha çıkamıyor.

Etrafımızda gördüğümüz huzursuz, mutsuz, tatminsiz pek çok insan aslında bugün yaşadıkları olumsuz olaylardan ziyade çocukluk yıllarında yaşadıkları çözülememiş travmalarının iç huzursuzluğunu, keyifsizliğini ve tatminsizliğini yaşıyorlar. Kimisi iç sesini duymamak için kendini temizliğe veriyor, kimisi kariyer peşine düşüp çalışarak kendine sağır kalıyor, kimisi alışveriş, sigara, teknoloji gibi bağımlılıklarla çocukluğunu susturmaya uğraşıyor, kimisi de suçu kadere, hayata, kaynanaya, eltiye atıp hayatının sorumluluğunu almaktan kurtulmaya çalışıyor. Ama ne olursa olsun, içimizde ağlayıp duran o küçük çocuk susmuyor ve kendi olumsuz hatıralarını hatırlatacak her fırsatta geçmişi bugüne getirmeye devam ediyor.

İşte bu kitapta hepimizi *-bana göre en değerli hazine olan-* kendimizi bulmaya davet ediyorum. Annemizden bize miras kalan olumlu ve güçlü yönleri kendi annelik yolculuğumuza yoldaş kılıp, çocukluğumuzda maruz kaldığımız olumsuz hatıraların yıkıcı enerjisinden özgürleşmeyi öneriyorum. Elbette bu dediğim tek bir kitap okuyarak gerçekleşecek kadar basit bir şey değil. Ama umuyorum ki bu satırlar hepimiz için iyileşmenin umudu, güçlenmenin yoldaşı, yaralarımıza merhem sürebilmenin yol haritası olsun.

İçimizdeki çocuk gülsün ki, kendi çocuklarımız da huzur bulsun.

Gayret bizden, iyilik Rabbimizden.

Haydi bismillah.

Hatice Kübra Tongar
İstanbul, 2020

1. BÖLÜM:

AKTARILAN ANNELİK

Bu bölümde
içimizdeki psikolojik mekanizmaları tanıyıp
bozulmuş ayarlarımızı tespit edeceğiz.

Çünkü tamir etmenin mutlak şartı
arızayı tespit etmektir.

NEDİR BU 'AKTARILAN ANNELİK' DEDİĞİMİZ ŞEY?

'Bilincimize çıkmayan düşüncelerimiz karşımıza kader olarak çıkar.'
Carl Gustav Jung

Her birimiz bir ana ve bir babadan doğduk. Onları biz seçmedik. Hangi ülkede, hangi ırka, hangi dine mensup olacağımızı da seçmedik. İçine doğduğumuz çevreyi, komşularımızı, akrabalarımızı da belirleyen biz değildik. Bütün bu çevresel faktörler Yaradan'ın 'kader-i mutlak' kurdelesiyle üzerimize iliştirdiği birer doğum hediyesiydi.

Lakin bizim tarafımızdan seçilmeyen bu süreçler, kim olacağımıza dair derin etkilere sahipti. Hayatı annemizin gözünden okuduk. Anne babamızın bize olan sıcak ya da soğuk, yakın ya da uzak, tutarlı ya da değişken tutumları kendimize dair tanımlar yapmamıza neden oldu.

'Annem bana bağırdığına göre ben kötü bir insanım.'
'Babam beni dövdüğüne göre ben suçluyum.'
'Annem bana aptal dediğine göre ben aptalım.'
'Bardağı tutamayıp kırdığımda annemi kızdırdım, çok kötü bir çocuğum.'
'Annem o kadar uğraşıp evi topluyor, ben oyuncaklarımla dağıtıyorum. Her zaman hatalı davranıyorum.'
'Bir salata yapmayı bile beceremiyorum. Beceriksizim.'

Yaramazım, tembelim, aptalım, akılsızım, düzensizim, sakarım, mükemmelim, harikayım, en değerli kişi benim...gibi onlarca ebeveyn cümlesiyle kendi kişilik şemalarımızı oluşturduk. Böylelikle önce kendimize, sonra insanlara ve hayata dair şemalarımız çocukluğumuzun ilk yıllarında ilmek ilmek dokunmuş oldu.

Bu tanımlar size biraz determinist gelmiş olabilir. 'Madem seçmediğimiz süreçlerin etkisini yaşıyoruz, o zaman annelik kaderimizi nasıl değiştireceğiz ki?' diye düşünüyor olabilirsiniz. Bu sorunun cevabını kitap boyunca hep birlikte keşfedeceğiz. Gelin öncesinde, 'Aktarılan annelik'in ne olduğunu hissetmeye çalışalım.

Bir anne adayı düşünelim. Hamile olduğunu yeni öğrenmiş olsun. Anne karnındaki cenin 7 haftalık. Adına Melek diyeceğimiz bu anne adayı daha önce dört kere düşük yapmış. Tedavi görmüş ama bir türlü diğer bebekleri hayata tutunamamış. Son düşüğünde 5 aylık, kocaman bir bebekmiş yavrusu. Eli, ayağı, yüzü, gözü oluşmuş bebeğini elleriyle defnetmiş. Çok ağlamış, çok üzülmüş. Aylar boyu yavrusunun yasını tutmuş. Zihnen 'anne olamayacağını' kabullendiği bir dönemde hamile olduğunu öğrenmiş, olsun.

Sizce Melek anne karnındaki bebeğiyle kolayca bağ kurabilir mi? Onu kabullenip, kucağına alacağı gün için koşulsuz bir heyecan büyütebilir mi? Yoksa bilinçdışı bir otokontrolle bebeğini yok saymaya, olabildiğince onunla bağ kurmamaya mı çalışır? Öyle ya, daha önce dört kez heyecan duymuş, bebeğini kucağına alacağı gün için hayaller biriktirmiş, belki ilk patiğini elleriyle örmüştü Melek. Ama her defasında gebeliği hüsranla sonuçlanmış, içinde derin travmatik acılar bırakmıştı. O zaman bilinçdışı Melek'i bu acıları tekrar yaşamaktan korumak için gebeliğin gerçekliği fikrinden onu uzak tutacak, bebeğiyle bağ kurmasının önüne duygusal engeller koyacaktır. Melek, yapmaması gerektiği halde evde ağır işler yaparak belki gebeliğini kendi elleriyle sabote etmeye çalışacaktır. Ya da annelik fikrini dünyasına almadan yaşamaya devam edecek, bebeği için ruhen ve bedenen hazırlık yapamayacaktır. Bilinçdışı sistem Melek'i acı çekmekten kurtarmak için annelik duygularını olabildiğince derinlere baskılama yolunu seçecektir.

Melek'in bebeğinin adı Selin olsun. Selin, annesinin karnında henüz birkaç haftalık bir bebek. Her çocuk gibi Melek'in genetik kodlarını henüz anne karnındayken alıyor Selin. Annesinden genetik geçişlere maruz kalıyor. Bu genetik yazılımların sadece %2'si kromozomal DNA olarak adlandırılan saç rengi, göz rengi, boy, ten rengi gibi özelliklerden oluşur. Geri kalan %98'lik kısım kodlanmayan DNA olarak adlandırılan duygusal, davranışsal ve karakteristik özelliklerdir. Yani biz anne karnındayken annemizin sadece kaşını, gözünü, boyunu posunu kopyalamayız. İlk duygusal, davranışsal ve karakteristik kodlarımızı da henüz daha anne karnındayken yine annemizden alırız.

Melek'i hayal kırıklığı ve acıdan korumak için *-yani tamamen iyi niyetlerle-* çalışan bilinçdışı sistem doğum sonrasında da devrededir. 'Ya kaybedersem' korkusu Melek'i bebeğine yakın bir annelik yapmaktan alıkoyar. Bebeğini çok kucaklamaz, anne sütü vermekten kaçınır, bebeğinin bağlanma taleplerine yanıtsız kalmayı seçer. Tabii bütün bunları bilinçdışı bir seviyede bebeğini diğerleri gibi kaybederse çok acı çekmemek için yapar. Bir yandan içgüdüsel anneliğinden kaçınmaya çalışırken, iç dünyasında oluşan gerilimi bertaraf etmek için bilinçdışı sistem Melek'in davranışlarını rasyonalize eder. Melek'in ağzından şu cümleleri duyarız:

'Kucağıma almıyorum çünkü alışmasını istemiyorum.'
'Emziremiyorum çünkü sütüm yok.'
'Çocuğum ayakları yere basan, güçlü biri olsun isterim. Bana bağlı olmasın.'

Tabii bilinçdışı aynı iyi niyetlerle Selin için de çalışmaya başlamıştır. Daha anne karnında annesinin duygusal bağ yoksunluğunu yaşayan

Selin, 'İnsanlarla yakın bağ kurmamak gerektiğini' öğrenir. Annesinin duygusal yoksunluğu Selin'in 'hayatta kalma' sistemini tetikler ve sistem Selin'i duygusal bağ talep etmeyecek hale getirir.

Nitekim bir anne bebeğiyle duygusal yakınlık kurmuyorsa, bebek bir süre sonra bu ihtiyacını baskılamayı öğrenecektir. Zaman içinde bebek daha az ağlamaya, kendi başına daha çok vakit geçirmeye, kucak istememeye, görünürde kendine yetmeye başlar. Duygusal blokajı fazla olan anneler genellikle çocuklarının çok uslu olduğundan, kendi başına uyuduğundan, kendilerinden hiçbir talepte bulunmadan saatlerce oynadığından bahsederler. Ve bunu çocuklarına 'öğrettiklerini' iddia edip, adına disiplin derler. Çocuğun bir şeyler öğrendiği doğrudur, lakin öğrendiği şey travmatik bir biçimde ihtiyaçlarını baskılamaktır. Çünkü daha anne karnından beri görmüştür ki, duygusal ihtiyaçlarını açığa vurduğunda kabul görmemekte ve bu ihtiyaçlarını kimse gidermemektedir. O zaman çocuk için yapılabilecek tek şey vardır; duygusal ihtiyaçlarını olabildiğince baskılamak, baskılamak, baskılamak...

Şimdi Selin'in büyüdüğünü düşünelim. Onun da annelik yaşı gelmiş olsun. Hatta Selin büyürken annesinin mesafeli tutumlarının kendisinde açtığı yaraları görmüş, 'Ben annem gibi anne olmayacağım. Çocuğuma çok yakınlık göstereceğim,' demiş olsun. Selin'in bebeği, her bebek gibi ağlayarak, emmek isteyerek, kucağa yönelerek bağ kurma davranışları sergiler. Bu davranışlar Selin'in bilinçdışını tetikler. Selin ne zaman bebeğini kucağına alsa anlam veremediği bir biçimde içi sıkılır, huzursuz olur, nefesi daralır. Çünkü kendisi bu bağlanma davranışlarını sergilediğinde annesi ona uzak durmuştur. Selin bilinçli aklıyla bebeğini kucağına aldığı an kendi çocukluğunu düşünmez elbette ama tüm kayıtları tutan bilinçdışı sistem Selin'e kendi çocukluk yaralarını hatırlatmaktadır. İşin ironik kısmı, baskılanan kayıtları saklayarak çocukluk acılarının tetiklenmesine neden olan bilinçdışı, aynı zamanda bizi acı dolu hatıralarımızdan korumak için o anılara mantıklı kılıflar üretir.

Selin eğer bu anlam veremediği duyguların kaynağını bulmaya çalışmazsa *-yani bilincini aktif hale getirmezse-* bilinçdışının yönetiminde çocuğuyla yakınlık kuracağı davranışlardan kaçınmaya çalışır. Aynı annesi gibi çocuğunu kucağına almaktan geri durur. İçindeki gerilimi susturmak için de annesinin davranışına hak vermeye başlar. 'Annem beni çok kucağına almadı ama kötü mü oldu? Şimdi böyle bağımsız, güçlü bir kadın olabildim.' Bebeğini emzirmenin içinde tetiklediği 'emzirilmeme acısını' susturabilmek için emzirmekten kaçar. Bir yandan da 'Hazır mamalar anne sütü kadar sağlıklıymış zaten. Hatta daha faydalı diyenler bile var' cümlelerini kurar. Böylece üç nesillik bu yolculukta her anne kendi annesini tekrarladığı bir *annelik aktarımını* miras alır.

Çocuğunu kaybetme korkusuyla duygusal mesafe koyan anne, annesinden duygularını bastırmayı öğrendiği için kendi çocuğuna duygusal mesafe koyan bir anneye, o da duygusal ihmal yaşamanın verdiği acıyı tetikleyen bebeğine duygusal olarak uzak duran bir anneye dönüşür. Sonuç olarak *duygusal ihmal davranışı* nesilden nesle taşınmış, bir annelik aktarımına dönüşmüş olur.

Tabii kurguladığımız bu üç nesil davranışları basit bir örüntüden oluşuyor. Hayat çok daha karmaşık ve girift ilişkileri, çok daha derin şemaları ve öğrenmeleri bağrında saklar. Ama işin temelinde gerçek olan şudur ki; travmatik annelik tutumları *-eğer farkına varılıp iyileşme çabasına girilmezse-* bir nesilden diğerine aktarılmakta ve böylelikle travmatik yaşantılar anneden kızına oyalı bir çeyiz bohçası gibi miras kalmaktadır. Şiddet görenin şiddet göstermesi, tacizcilerin çocukluğunda taciz davranışları tespit edilmesi, çocukluğunda katı bir disipline maruz kalmış annelerin kendi çocuklarıyla duygusal bağ kurmakta sıkıntı çekmesi hep bundandır. İşte bizim kitap boyunca atıfta bulunacağımız *annelik aktarımı* tanımı tam da budur; annemizden miras aldığımız, içselleştirdiğimiz, savunma mekanizmalarıyla hayatımızda tuttuğumuz travmatik duygu, düşünce ve davranış kalıplarıdır.

Şimdi aklımıza şöyle sorular gelebilir:

'İyi de ben küçükken çok dayak yedim. Ebeveynlerimden eziyet gördüm. Tacize uğradım. Hakaretler işittim. Belki sevilmedim, istenmedim, varlığım kabul görmedi. Anlaşılmadım, duygusal olarak eziyetler çektim. Ve bu çocukluk yaşandı, bitti. Ben bugünkü halimle çocukluk yazgımı nasıl değiştireceğim? Yaşadıklarımı nasıl unutacağım? Zihnimden nasıl sileceğim?'

Annelik aktarımını değiştirmek demek çocukluk yıllarını unutmak, yok saymak, hafızamızı silmek ya da bize kötülük eden kişileri hayatımızdan kesip atmak demek değildir. Bilakis çocukluğumuzda birer kıymık gibi kalbimize saplanmış acı hatıraları bugüne taşımak, bugünde okumak, bugünümüze olan etkilerini, anneliğimize yüklediği ağırlıkları, çocuklarımızla (ve eşimizle) aramızda oluşturduğu duvarları fark etmek, onlarla yüzleşmek, o acıların coşkunca akıp giden birer nehir gibi hayatımızdan akıp gitmesine izin vermek, yasını tutmak, öfkesini hissetmek ve kalbimizdeki tüm incinmişlikleri birer birer affedip özgürleşmek demektir. Geçmişi geçmişte bırakıp bugüne, şu âna, şimdiye dönebilme gayretidir.

Tabii bu yazıldığı kadar kolay bir süreç olmadığı gibi, dünden bugüne hemencecik değişebilecek bir yapı da değildir. Ama mümkündür. Ve insanın *-bir lahanayı katman katman yapraklarından ayırır gibi-* kendi yürek bohçalarını teker teker açıyor olmasının lezzeti tarif edilemez güzelliktedir.

ANNELİK NASIL AKTARILIR?

Davranışlarımız zihinsel süreçlerin sonucunda oluşur. Dolayısıyla nasıl bir anne olacağımız, nasıl bir zihin yapılanmamız olduğuyla oldukça ilgilidir.

Zihni süreçleri ilk tarif eden bilim insanı Sigmund Freud'du. Freud zihni üç kategoriye ayırmış, topografik model ismini verdiği çalışmasında bilinç, bilinç öncesi ve bilinçdışı kavramlarından bahsetmişti.

Bilinç, insanın farkında olduğu kararlarını yöneten kısımdır. Herhangi bir işe yöneldiğimizde, o işi sürdürürken aktif dikkatimizin devam ettiği süreçte bilinç devrededir. Psikolojik bir terim olarak bilinç, 'kendimizi ve çevremizi, algıların, anların ve düşüncelerin farkına varacak şekilde gözlemeyi ve kendimizi ve ortamımızı, davranışsal ve bilişsel faaliyetleri başlatabilmemizi ve sona erdirebilmemizi sağlayacak şekilde denetlemeyi' ifade eder. Psikanalitik teoride ise 'kişinin belli bir anda farkında olduğu şeylerin tamamını kapsayan ruh durumu' anlamında kullanılır.

Bilinç öncesi ise, bilincin birim zamanda aktif olmadığı ve fakat biraz yardımla bilinç seviyesine çekilebilecek bilgi ve kayıtlardan oluşur. Çocukluğumuza dair düşünerek hatırladığımız anılar, rüyalar, düşündüğümüzde hatırlayabildiğimiz insanlar, yüzler, isimler...bilinç öncesinde yer almaktadırlar.

Buzdağının görünmeyen kısmı ise bilinçdışımızdır. Bilinçdışı daha biz anne karnındayken yazılmaya başlar. Bilinçli aklımızla gördüğümüz ya da gördüğümüzün farkında bile olmadığımız, bilincimizle duyduğumuz ya da duyduğumuzu fark etmediğimiz, her bir duyu organımızın hissettiği ve deneyimlediği bütün olaylar, hissedilen bütün duygusal veriler bilinçdışımızda kayıtlıdır.

Bilinçdışını bir yazılım sistemi gibi düşünebiliriz. Bu sistemin temel görevi bizi hayatta tutmaktır. Bunun için biyolojik ve psikolojik bütün kayıtlarımız bilinçdışımızda itinayla korunur. Bu kayıtlar hayatta kalmamız için elzemdir. Ateşin yaktığı, arının soktuğu, buzun üşüttüğü, kırmızı biberin dilimizi acıttığı gibi bilgiler bilinçdışımızda depolanmasaydı her defasında bu olaylara maruz kalıp acı çekerdik.

Bununla birlikte anne karnından itibaren canımızı acıtan, bizi derinden üzen, korkutan travmatik olaylar da bilinç seviyesinden uzaklaştırılarak bilinçdışına taşınır. Yani bilinçdışımız bizi psikolojik acılardan da korur. Annemizin bize hakaret ettiği, eleştirdiği, bağırdığı, dövdüğü, utandırdığı pek çok kayıt bilincimize ağır gelir. Küçük bir çocuğun maruz kaldığı ihmal ve istismar davranışları bilincimizin taşıyabileceğinden çok daha fazla duygusal yoğunluk içerir. Üstelik küçük bir çocukken bu ağır olaylarla baş edebilecek muhakeme ve idrak yeteneğimiz de yoktur. Bu yüzden eğer bu bilgiler bilincimizde kalmış olsa psikolojik sağlığımız bozulacak, pek çok psikopatoloji ortaya çıkacaktır. İşte bu nedenle travmatik veriler sesler, kesik görüntüler, yoğun duygular halinde bilinçdışına taşınır. Ve biz o duygularla baş edebilecek olgunluğa ulaşana değin neredeyse hiç yokmuş gibi derinlerde kayıtlı tutulur. Bazen bir hipnoterapi esnasında, bazen rüyalarımızda, bazen uzun süren terapi odalarında ya da günlük dil sürçmelerimizde ipuçları veren bu bilinçdışı kayıtlar, hatırlanmasa da vardır.

Peki, sonra bu kayıtlara ne olur?

Cevabı basittir; yeri geldiğinde kullanılırlar!

Mesela bizi küçükken arı soktuysa, bilinçdışımız çiçekli bahçelere yakın olduğumuzda tetiklenir. İçimizi bir sıkıntı kaplar. Ortalıkta hiç arı olmasa bile kaygı duyarız, stres seviyemiz artar. Tabii sistem sadece kendimiz için tetiklenmez. Eğer bizi çocukken arı sokmuşsa, büyüyüp *-örneğin-* anne olduğumuzda çocuğumuz çiçek toplamaya yönelse yine bilinçdışımız tetiklenerek kaygımızı artırır. Kendimizi çocuğumuza, 'Bırak bakayım o çiçekleri, hemen buraya gel!' diye bağırırken bulabiliriz. Çocuğumuzun normalde nötr olan çiçek toplama davranışı bizim geçmiş acımızı tetiklemiş ve ortaya çıkarmıştır. Aslında 'arıdan kaçınma' şemamızın tetiklenmesi için illa çiçek ya da arı görmemize de gerek yoktur. Arıyla ilgili olan şeyler; bal, sarı renk, tatlı, sinek, böcek, vızıltı, ağaç, polen...gibi aklımıza bile gelmeyecek pek çok şey bilinçdışımızı harekete geçiren bir tetikleyici olabilir.

Aynı tetiklenme süreci psikolojik acılar için de geçerlidir. Diyelim ki çocukken çok dayak yedik. Bu süreci yaşarken anne şemamız 'incitici ve can acıtıcı' bir limbik kayıtla depolanır. Bu bilgi bedensel acılarımızla birlikte bilinçdışımızda kaydedilir. Anne olduğumuzda bilinçdışı bir seviyede tetikleniriz. Bastırdığımız, derinlere gömdüğümüz çocukluk anılarımız kucağımıza bir 'çocuk' verildiğinde gün yüzüne çıkar. Yeni kazandığımız 'Annelik' rolü bize annemizle olan ilişkimizi hatırlatır. Bilinçdışımızın gizli dosyaları birer birer açılmaya başlanır. Örneğin bir gün yere çay dökmüş ve bu yüzden annemizden dayak yemiş olalım. Bu kayıt, çocuğumuz her çaya uzandığında tetiklenip içimizde çocukken yediğimiz dayağın bedensel ve psikolojik acısını açığa çıkarabilir. Kendimizi birden öfkelenip, *'Sana elleme demedim mi!'* diye bağırırken, hatta belki bedensel acımızı yansıtarak çocuğumuzun ellerine vururken bulabiliriz. Böylece zihnimizde annelik şemasıyla eşleşen 'inciten ve acı veren' tanımına uygun davranmış oluruz. Ve bu kayıt bizden çocuğumuza aktarılarak nesiller boyu devam eder.

Freud'a göre insan beyninin duyu organlarıyla duyumsayarak ortaya koyduğu 'bilinçli' mekanizması beynin yalnızca %4'lük kısmına denk gelmektedir. Geri kalan %96'lık kısım beynin kendi içindeki nöral bağlantılarının birbirleriyle ilişkisine ayrılmıştır. Yani beyin en çok daha önce deneyimlediği bilinçdışı kayıtlara enerji harcar. Ve biz çoğu zaman bunun farkında bile değilizdir.

Peki, bunun anlamı nedir?

Kabaca bu, 'Hayatımızın çoğunu otomatik pilotta yaşıyoruz' demektir. Nitekim bilinçdışımızın en önemli görevi bizi 'sağlıkla' hayatta tutacak bir otomatik pilot gibi sistemimizi optimum iyilik seviyesine taşımaktır. Gelin bu sisteme örnekler üzerinden bakalım.

Anne karnındaki bir bebeğin kalbi 6. haftadan itibaren duyulmaya başlanır. Bebek artık gözlemlenebilir biçimde canlıdır. Sonraki haftalar içinde sırasıyla kulaklar, gözler ve duyusal iletiler almamızı sağlayacak diğer bütün organlarımız oluşur. İnsanoğlu hayatı duyu organlarıyla anlamlandırır. Duyar, görür, koklar, hisseder, tadını alır ve her bir duyu iletisi beynin kendine ait hafızasında ölene dek depolanan bilgi dosyalarına dönüşür.

Bu bilgi depoları oluşurken duyularımıza, 'duygu' mekanizmamız eşlik eder. Duyumsadığımız her bilgi kendiyle eşleşen bir duyguyla kayıt altına alınır. Böylece duyular ve duygular, geçmişe dair 'unutulmayacak' kayıtlar oluşturmaya başlarlar. Bir yemeği, bir insanı, bir olayı, bir mekânı ya da bir müziği hatırlarken içimizde onunla ilgili bir duygu açığa çıkmasının nedeni budur. İşte bütün bu sistem bizim *otomatik pilotumuzu* oluşturur.

Otomatik pilot, az enerji harcayarak bizi hayatta tutmaya yarayan sistemin adıdır. Örneğin bir restorana gittiğinizi düşünelim. Restoranın mantısı meşhur olsun. Şahane bir tabak geldi önünüze. O sırada mekânda caz müzik çalıyordu. Ve tam mantıları yerken, bir yandan bilgisayarınız açıktı ve bir hafta sonra teslim edeceğiniz raporu gözden geçiriyordunuz. Üzerinizde beyaz elbiseniz vardı. Restoran deniz kenarında olduğu için dalga ve martı sesleri duyuluyordu. Mantıyı yediniz. Eve gittiniz. Birden midenizde hafif bir bulantı başladı. Sanki başınız da dönüyor. Olamaz! Yemek bozukmuş ve zehirlendiniz! (Aslında otomatik pilotunuz duyduğu, gördüğü, kokladığı, tadını aldığı ve hissettiği her veriyi saklar. Ki bu veriler anlık yüzlerce, hatta binlerce farklı dosya içerebilir. Ama biz konunun anlaşılması için bu temel tanımlar üzerinden gidelim)

Bu kurgu nelere sebep olabilir şimdi birlikte düşünelim. Otomatik pilotunuz siz mantıyı yerken tüm çevresel verileri birer birer kaydeder. Mantının sizi zehirlediği bilgisi de itina ile kaydedilir. Sistemin 'Bizi az enerji harcayarak hayatta tutmak' vazifesi gereği, o mantıyla eşleşen tüm duyusal veriler olumsuz duygularla kaydedilir. Restoran, mantı, o gün giydiğiniz beyaz elbise, mekânda çalan müzik, dalga ve martı sesleri, ertesi hafta yapılacak sunum... negatif duygu durumları ortaya çıkarmak üzere programlanır. Mesela bu olaydan çok zaman sonra bambaşka bir yerde caz müzik duymuş olsanız, içinize bir rahatsızlık hissi gelebilir. Belki bir dostunuz 'Ayy bayılıyorum caza' dediğinde, otomatik bir biçimde (yani nedenini sorgulamadan ya da farkında olmadan) 'Ben hiç sevmiyorum. Bana göre değil' cevabını verebilirsiniz. Ya da her vapura bindiğinizde duyduğunuz dalga ve martı sesleri içinizde olumsuz bir duygu açığa çıkarabilir. Belki bu yüzden, çok mecbur kalmadıkça vapura binmemeyi seçebilirsiniz. Yine muhtemeldir ki o gün üzerinizdeki beyaz elbiseyi tekrar giymek için elinize aldığınızda içinize, 'Yok yaa bu elbise bana pek yakışmıyor' hissi gelebilir. Ertesi haftaki sunum için bilgisayarınızı her açtığınızda göğsünüz sıkışabilir, başınız ağrıyabilir. Hatta odağınızı kaybedip çalışamayabilirsiniz. Tüm bu belirtiler otomatik pilotunuzun sizi tekrar zehirlenmekten alıkoymak için beynin pek çok bölgesiyle iş birliği yaparak ortaya çıkardığı koruma taktikleridir.

Uzun zamandır Bağırmayan Anneler Atölyesi'nde annelerle çok yönlü çalışmalar yapıyoruz. Anneler geçmişe dair bu ince ayrıntıları fark ettikçe özgürleşmeye başlıyorlar. Zira her zaman dediğim gibi, bir yarayı iyileştirebilmenin yolu önce onun orada olduğunu fark etmek ve kabul etmekten geçiyor.

Atölyelerden birinde, eşi ona sarıldığında boğulacakmış gibi hisseden bir anneyle çalışmıştık. Eşini çok seviyordu. İlişkileri gayet iyiydi. İki kızları vardı. Ama eşi ona ne zaman sarılsa, ne vakit eşinin gücünü hissettiği fiziksel bir temas ânı yaşansa boğulacak gibi oluyor, istemsizce eşini kendinden uzaklaştırmaya çalışıyordu. O anneye otomatik pilotumuzun işlevinden ve bizi korumak için ortaya çıkardığı tepkilerden bahsettim. Ve şu sorunun cevabını düşünmesini istedim:

'Otomatik pilotun 'güçlü' birinin (Çünkü sistem, üzerinde güç hissettiğinde aktive oluyordu. Eşi elini tuttuğunda sorun yoktu) sana ne yapmasından seni korumaya çalışıyor?'

Uzun süren araştırmalarımızın sonunda sıkıntının kaynağına ulaşabildik. (Annenin adı Selma olsun) Selma iştahsız bir bebekti. Çocukluk yılları boyunca annesi tarafından hep zorla yemek yedirilmişti. Annesinin anlatımlarına göre, çoğunlukla Selma'nın iki elini de pantolonunun/eteğinin lastiğine sıkıştırır (böylece elini kolunu oynatamıyor) ve çocuğu kaçamasın diye kendi bacaklarının arasına kıstırıp (kapana kısılmışlık hissi) zorla yemeğini ağzına verirdi. Selma'nın çocukluk yılları boyunca deneyimlediği bu travmatik yaşantı (çünkü kabul edelim ki bir çocuk için kendinden kat be kat büyük bir insanın onu zorla tutup kaçmasına ve hareket etmesine engel olması, onu sıkıştırması ve çaresizce uyguladığı davranışa boyun eğmesini sağlaması travmatik bir durumdur) eşi ona her sarıldığında otomatik pilotu tarafından aktive ediliyordu. Nitekim yine ona güç uygulayan ve sarılıp çocukluğunda deneyimlediği 'kollar arasında tutulma' halini yaşatan biri vardı. Bu yüzden Selma bilinçdışı bir savunma hareketi yapıyor, hiç istemese de eşini kendinden uzaklaştırıyordu. Ne zaman ki bu durumun farkına varıldı ve tedavisi yönünde çalışıldı, Selma'nın otomatik pilotu ancak o zaman devreden çıkmış oldu. (Kitabın ilerleyen bölümlerinde iyileşmek için yapabileceklerimizi anlatacağım, merak etmeyin)

Travmatik yaşantılar bizi az ya da çok etkiler ve kesinlikle geçmişte kalmazlar. Bugünümüze gelip aynı travmaları tekrar yaşamaktan ve derinlerde bir travma olduğunu fark edip ömür boyu onun acısını taşımaktan bizi korumaya çalışırlar. Aslında bu iyi bir şeydir. Sağlıklı bir şekilde hayatta kalmamız bir noktada buna bağlıdır. Bu yüzden her travmayla çalışmak, geçmişte yaşadığımız her olayı hatırlayıp çözüme kavuşturmak gibi bir sorumluluğumuz yoktur. Kıymetli hocam Dr. Cem Keçe'nin her zaman vurgu yaptığı gibi, 'Travma, işlevselliği bozduğu ve hayat kalitesini düşürdüğü noktada çalışılmalıdır'.

Yeniden Selma'nın durumuna dönecek olursak, çocukluğunda yaşadığı bu travmatik anı eşiyle ciddi problemlere neden olmaya başlamıştı ve evliliğindeki işlevselliği bozmuştu. Dolayısıyla bu konuyu çözmek elzemdi. Bununla birlikte tedavi sürecinde ortaya çıkan, aynı travmatik yaşantının neden olduğu başka şeyler de vardı.

Selma'nın annesinin yemek zamanlarına dair oluşturduğu bu negatif kodlama Selma'nın yemekten kaçınan biri olmasına neden olmuştu. Karıkoca danışmanlık almaya başladıklarında, Selma'nın eşi karısının ona kahvaltı hazırlamamasından şikâyetçiydi. Vardiyalı bir işte çalıştığı için zaten sürekli evde olamıyordu. Ya sabah kahvaltısında ya da akşam yemeğinde ailece sofraya oturma fırsatları vardı. Hatta mesaiye kaldığı zamanlar bu bile mümkün olmuyordu. Buna rağmen Selma sabahları uyanamıyor ve eşini işe uğurlamıyordu. Süreçte yapılan kan testinde Selma'nın çok uyumasına neden olabilecek hiçbir sağlık sıkıntısı gözlenmemişti. Fakat Selma erken yattığı halde, eşine kahvaltı hazırlayabilecek bir saatte kalkamıyordu. Çalışma sırasında, zaten erken kalkan beyefendinin evde olduğu günler kahvaltıyı hazırlaması teklif edildi. Eşinin kahvaltı sofrasını kurduğu ilk gün Selma eşinin uyandırmasıyla sofraya oturdu fakat hiçbir şey yemeden sofradan kalktı. Sonraki günler atıştırıyor gibi görünse de sürekli masadan kalkıyor, ya bulaşıkları toplamaya girişiyor ya da kendine başka bir iş üretiyordu. Çocukluğunda deneyimlediği travmatik yaşantı Selma'yı yemek saatlerinden olabildiğince uzak tutuyordu. Selma, iyileşme sürecinin ilerleyen adımlarımda vardiyalı bir işte çalışan (yani gecesi gündüzü bir düzen içinde olmayan) bir eş seçmesinin altında dahi 'düzenli sofra saati olmaması' sebebinin olduğunu fark etti. Yaşadığı olay uyku saatlerinden eş seçimine kadar hayatının pek çok alanına etki etmişti.

Prof. Dr. Mustafa Merter hocanın tanımıyla, insan 900 katlı bir sistemler bütünüdür. Tabii ki hiçbir olay 'Çocukluğunda şu olursa sonucu şöyle olur' denecek kadar basit ve kesin değildir. Olayların ve kişilerin birçok katmanı vardır. Lakin sahip olunan travmatik kayıtların bugün hayata baktığımız noktaya, davranışlarımıza ve seçimlerimize etkisi olduğu da yadsınamaz bir gerçektir. Bu yüzden hayatımızın işlevselliğini bozduğu noktada bu olayları fark etmek ve iyileştirmek için çaba göstermek bizleri özgürleştirecek konforlu etkiler oluşturacaktır.

BİLİNÇDIŞIMA GİTTİM, GELİCEM!

Bilinçdışının görevlerini tam olarak kavramak, iyileşmeye giden yolun aydınlanması için oldukça önemlidir. Çünkü iyileşmek demek *bilinçdışımızdaki kayıtları bilinçli aklımızla yorumlamak* demektir. Bu yüzden, bilinçdışımız ne yapmaya çalışıyor gelin maddeler halinde inceleyelim.

1. Otomatik Pilotumuzu Oluşturmak

Bilinçdışımızın ilk işlevi anne karnından başlayan bir süreçte içimize ve dışımıza ait tüm kayıtları depolamak ve böylece daha az enerji harcayarak hayatta kalmamızı sağlayan bir *otomatik pilot* sistemi oluşturmaktır. Dış kayıtlar derken *-kabaca-* olayları ve çevresel faktörleri kastederiz. İç kayıtlar dediğimizde ise bu olayların bizde uyandırdığı duyguları, algılarımızı ve inançlarımızı kast ediyoruzdur. Bütün bu kayıtlar bilinçdışımızda mevcuttur. Alice Miller bilinçdışından bahsederken *beden hafızası* tanımı kullanır. Nitekim anne karnında 'var' olduğumuz andan itibaren duyumsadığımız her veri bilinçdışımızın tozlu raflarında itinayla saklanmaya başlanır. Bazı şeyleri biz hatırlamıyorsak dahi, bedenimiz hatırlar. Böylece belli öğrenmeler gerçekleştirebiliriz. Her bir öğrenme zaman içinde bir otomatik pilot işlevi görür.

Bir örnek üzerinden anlatacak olursak, küçük bir çocuk annesinin fırından yeni çıkardığı poğaçayı almak istemiş olsun. Elini poğaçaya değdirdiği an eli yanar. Canı acır. Bu kayıt bilinçdışında depolanır. Daha sonraki süreçlerde annesinin ocağı, fırını, sobayı her yakışında 'Cıss sıcak!' demesi, çocuğun 'elini yakacak şeyler' klasörüne eklemeler yapar. Böylece yanmaya dair bir *otomatik pilot* oluşur. 1 yaşındaki bir bebek fırına elini rahatlıkla uzatıyorken (öğrenme yok), 4 yaşındaki bir çocuk fırın çalışıyorken uzak durma davranışı geliştirmiştir (öğrenme var). Geliştirilen bu kaçınma davranışı zaman içinde o kadar otomatik hale gelir ki, sıcak şeylerden bilinçdışı bir noktada uzak durmaya başlarız. O an uzak durduğumuzu bilinçli aklımızla fark etmeyiz bile. Bu artık *otomatik pilotumuzun* işidir.

Bedensel acılar gibi psikolojik acılar için de aynı otomatik davranışlar söz konusudur. Annemizin bizi büyütürken uyguladığı her 'sürekli' davranış 'ebeveynlik' klasörümüzde depolanır. Böylece zaman içinde otomatik bir ebeveynlik geliştirmeye başlarız. Annemiz yaptığımız ufak yaramazlıklara genellikle güler yüz ve anlayışla karşılık vermişse, ebeveyn olduğumuzda çocuğumuzun yaramazlıklarına daha az öfkelenen bir anne olmamız olasıdır çünkü otomatik pilotumuz bizi kolayca buna yöneltir. Annemiz genellikle bize zorla yemek yedirdiyse, anne olduğumuzda otomatik pilotumuz bizi çocuğumuzu yemek konusunda zorlamaya yönlendirecektir. Uykumuz gelmediği halde zorla uyutulan bir çocukluk geçirdiysek, anne olduğumuzda çocuğumuzun uyku saatinde sorunlar yaşamaya başlama ihtimalimiz fazladır. İşte bütün bu otomatik süreçleri bilinçdışımız yönetir.

Peki, biz bu süreçleri yaşamaya mahkûm muyuz? Yani hayat boyu otomatik pilotumuz ne derse o mu olacak?

Aslında hem evet, hem hayır. Bazı otomatik öğrenmeler güzeldir, hayatımızı kolaylaştırır. Elimizin ateşe değdiğinde yanması, bisiklet ya da araba kullanmak, kurallara uymak hayatın içinde var olan ve oldukça işlevsel otomatik pilotlarımızdır. Eğer bunlar olmasaydı arabaya her bindiğimizde 'Şimdi gaza basayım, vitesi değiştirmek için şunu yapayım...' gibi bilinçli tercihler yapmamız gerekecekti. Yani araba kullanma eyleminin acemisi kalacaktık. Şu an otomatik pilotumuz sayesinde arabaya bindiğimizde bilinçli aklımızla başka şeyler düşünüyor, birileriyle sohbet ediyor ya da dikkatimizi farklı şeylere veriyorken kolayca araba kullanabiliyoruz.

İşlevsel otomatik pilotlarımız *-adı üstünde-* işlevseldir. Burada hiçbir sorun yaşamayız. Sorun yaşadığımız kısım hayatımızın işlevselliğini ya da rollerimizin kalitesini bozan otomatik pilotlarımızdır. Örneğin, çocukken her ağladığımızda 'Sus bakayım, bunda ağlanacak bir şey yok!' lafını duyduğumuzu ve gözyaşlarımızın hiç kabul görmediğini düşünelim. Ebeveyn olduğumuzda, çocuğumuz her ağladığında muhtemelen içimiz daralacak, bilinçdışımız bizi yaşadığımız bu psikolojik acıdan uzak tutmak için bildiği otomatik davranış repertuarına yöneltip çocuğumuzun ağlamasını öfkeyle susturmamıza yol açabilecektir. Özellikle yoğun kaygı, stres, yorgunluk, yas, hüzün, korku yaşadığımız zamanlarda bilinçli aklımızla karar vermek zorlaşır. Nitekim buna harcayacak enerjimiz, gücümüz ve bazen vaktimiz yoktur. Böylesi anlarda şoför koltuğunda otomatik pilotumuz vardır. Bu nedenle annelik yolculuğumuzda ne kadar kaygılı, endişeli, stresli, yorgun, uykusuz, yoğun olursak olumsuz davranma ihtimalimizi o denli artırmış oluruz.

Jeffrey Young, öğrenmeyi bir patikaya benzetir. Herhangi bir konuda zihnimizde ne kadar çok tekrar yaşanırsa, o konu ile ilgili o denli kalıcı sinaptik bağ oluşur, der. Bu aynı çalılık bir arazide açılmış bir patikaya benzer. Açılmış tek yol orası olduğu için sürekli oradan gitmeye çalışırız. Oysa çıkmaz bir yolsa ya da yolun sonu istediğimiz bir yere çıkmıyorsa, o yolda ısrarcı olmamak ve yeni bir patika yol açmak için uğraşmak gerekir.

Bunu yapabilmek için ilk adım olarak canımızı acıtan tetiklenmeler olduğunda duygularımıza kapılmamak için derin nefes almak, 6'ya kadar saymak, ikişerli ileri ve geri saymak -*yani bilinçli aklımızı aktif tutma çalışmaları yapmak*- gerekir. Sonrasında iradi olarak 'seçtiğimiz' yeni davranışı uygulamaya koyarız. Bu istenen davranış ne denli fazla tekrar edilirse o denli kalıcı sinaptik bağ oluşturur. İşte bu bizim yeni patikamızdır. Yeni patikadan geçtikçe, eski (işlevselliği olmayan) patika yolumuz zihnimiz tarafından o denli az tercih edilmeye başlanır. Zaman içinde kullanılmaya kullanılmaya içini çalılar doldurur. Ve nihayetinde yol kapanır. Böylece istediğimiz kalitede yeni bir otomatik pilot oluşturmuş oluruz.

Yani çoğu ebeveynlik davranışlarımızın otomatik pilotumuzla oluştuğu gerçeğini bilmemiz ve işlevsel olmayan otomatik pilotlarımızı yenileriyle değiştirmek için yeni davranışı bolca tekrar etmemiz gereklidir.

2. Bizi Acılardan Korumak

Bilinçdışımızın bir diğer görevi içimizdeki çocuğu acılardan korumaktır. Bilinçdışı bunu yapabilmek için o kadar çok uğraşır ki, bilincimizi çarpıtacak yöntemler üretmeye başlar. Bu yöntemlere psikolojide *savunma mekanizmaları* denir. Duyguları bastırma, inkâr etme, gerçekliğe bürüme, sebepler üretme, ideal hale getirme, içselleştirme, yansıtma, yüceltme, gerileme...gibi pek çok durum biz henüz çocukken yoğun olumsuz duygularla baş edebilmemiz için bilinçdışımızın öne sürdüğü savunma mekanizmalarıdır.

Peki, bilinçdışı neden böyle mekanizmalar oluşturur? Şimdi gelin Allah'ın yarattığı bu muazzam sistemin bizi nasıl koruduğunu hissetmeye çalışalım.

Küçük bir çocuk hayata karşı olabildiğince savunmasız ve bakım verenlerine karşı nihayetsiz derecede muhtaç olarak dünyaya gelir. Yemek, uyumak, boşaltım yapabilmek, temiz kalabilmek, güvende olmak, sevilmek gibi hayati tüm fonksiyonlarımız uzunca bir süre bir yetişkinin yardımıyla işlev görür. Bu denli muhtaç olduğumuz ebeveynlerimizin ihtiyaçlarımızı görmesine, anlamasına, koşulsuz bir kabulle ihtiyaçlarımızı gidermesine muhtacızdır. Bu öyle bir muhtaçlıktır ki, sadece bakım görmemiz yeterli değildir, aldığımız bakımı sevgi dolu bakış ve dokunuşlarla almamız şarttır.

Bu mantığı anlayabilmek için yaşlılık zamanımızı düşünüp empati yapabiliriz zira yaşlılık, aynı çocukluk gibi muhtaçlığın arttığı bir dönemdir. Şimdi gözlerimizi kapatalım ve hayal edelim. Yaşlanmışız ve bakıma muhtaç bir haldeyiz diyelim. Kızımız bize bakıyor olsun. Salonda bir yerimiz var ve orada yatıyoruz. Tuvalet, yemek, hatta üzerimizi değişmek için belli yardımlara ihtiyaç duyuyoruz. Şimdi evin içinde dolanan kızımızın yüzüne ve enerjisine bakalım. Kızımız gergin bir halde evi topluyor, 'Uff bıktım bu işlerden. Canım çıkıyor her gün' diye söyleniyor olsa ne hissederiz? Belki kızımızın bu yakınmalarının bizimle hiçbir ilgisi yoktur. Ama bu yakınmayı duyduğumuz an kendimizi bir yük gibi hissetmemiz olasıdır. Aynı şekilde tuvalet ihtiyacımızı gidermemize yardım edilirken yüzünü buruşturan, iğrendiği her halinden belli olan birinin yanında kendimizi utanç içinde hissedeceğimiz aşikârdır. Yemek saatimizde 'Hadi anne ye yemeğini daha bir sürü işim var' denilmiş olsa, kendimizi nasıl kötü ve suçlu hissedeceğimiz muhakkaktır. Aynı örüntüleri çocuğumuz için de düşünmek gerekir.

Altı değiştirilirken çıkan kokudan rahatsız olmuş gibi davranılan, yemek saatinde 'Bir yese de başka işime baksam' enerjisiyle hızlı hızlı beslenen, emzirilirken varlığı fark edilmeyip bir yandan televizyona bakılan, bize ihtiyaç duyduğu anlarda 'İşim var' lafını çokça duyan, uyutulurken oflanarak puflanarak yatağa yatırılan, hatta 'Çabuk uyu bakayım!' diye azarlanan, evdeki varlığı bir yükmüşçesine sürekli eleştirilen, beğenilmeyen, yaptıkları konusunda aşağılanan bir çocuk, içinde yıkıcı duygular hissetmeye başlar. Değersizlik, yetersizlik, suçluluk ve utanç bu duyguların başında gelir. Bunlar öylesi yıkıcı duygulardır ki, küçük bir çocuğun onları yönetmesi mümkün değildir. İşte tam da bu noktada bir Süpermen gibi bilinçdışı devreye girer. Yıkıcı duyguları açığa çıkaran olayları birer birer bohçalar ve oymalı sandıklara kapatıp kilitler. Sandıkların anahtarlarını ise '*zamanı geldiğinde*' bize geri vermek üzere kendinde muhafaza eder.

Tabii yıkıcı olayların bilinçdışına aktarılması bir hafıza kaybıymış gibi olayları unutarak gerçekleşmez. Olaylar, var olduğu haliyle oradadır, bilinçdışı onlara yüklediğimiz anlamı değiştirerek gerçeklik algımızı çarpıtır.

İşte savunma mekanizmaları tam da bu noktada ortaya çıkar.

Duyguları Bastırma

Dünya, insan için bilinmezlikler ve travmalarla dolu bir yerdir. Kayıplar, acılar, tehlikeler, doğal afetler ve saymaya kalksak belki sayfalar tutacak pek çok yıkıcı olay dünya hayatının birer gerçeği olarak kader sayfalarımızda yerini almaktadır. İnsan bu olayların 'var' olduğunu bilse de her an bilinçli aklında onların kaygısını taşımaz. Taşısa, sağlığını koruyamaz. İşte böylesi zamanlarda var olan büyük olayların yoğun duyguları bilinçdışına itilir.

Bir çocuk için durum bir yetişkin için olduğundan daha zordur. Nitekim çocuk için dünya çok daha öngörülemez hadiselerle çevrilidir. Bir yetişkin *-mesela bir kayıp durumunu-* cennette tekrar kavuşma ümidi ile mantığa bürüyerek daha kolay baş edilir hale getirebilecekken, küçük bir çocuk için böylesi bir duygu yönetimi mümkün değildir. Bu nedenle çocuğun baş edebileceğinden fazla gelen ağır duygular bilinçdışına bastırılır.

Melek, Selin ve kızının üç nesil boyunca sarıldıkları 'mantık' örüntülerini hatırlayalım. Melek, bebeğini kaybetme endişesiyle var olan fıtri annelik duygularını bilinçdışı bir seviyede bastırmıştı. Bastırma davranışını bir savunma mekanizması olarak kullanmıştı. Bu mekanizma onu baş edemediği 'Çocuğunu yeniden kaybetmek' acısı ve endişesine karşı güçlü kılmıştı. Yok saydığı bir şeyin acısını yaşayamazdı sonuçta.

Çocuklarda da sistem böyle işler. Yoğun acılar bırakacak birçok olay adeta yokmuş gibi bilinçaltının derinliklerine itilir. Çocukluğunu bölük pörçük hatırlayan, olayları yarım yamalak görüntüler, sesler ya da parça parça duygu kırıntıları ile anımsayan kişiler çocukluğunda yoğun bastırma mekanizması yaşamış kimselerdir.

İnkâr Etme

Bazı duygular o kadar yıkıcı ve yoğundur ki, bir çocuğun onlarla baş edebilmesinin tek yolu onları yok saymaktır. Eşiyle yaşadığı cinsel problemler nedeniyle aylar boyu psikolojik tedavi görmüş Merve, uzun süre sonunda bir hipnoterapi seansında yıllar boyu babasının tacizine uğradığını fark etmişti. Bu bilgi Merve için şok ediciydi çünkü yaşanmış bu olayın hiçbir ânını hatırlamıyordu. Travma tedavisinin adım adım işleyen sürecinde taciz öyküsünü bilincine çıkarabilmiş, tedavi olabilmiş, nihayetinde eşiyle sağlıklı bir cinsel hayata ulaşabilmişti.

Bazen de ani kayıplar çocuk için baş edilmez duygular açığa çıkarır. Bir kazada babasını kaybetmiş bir çocuk sanki o ölmemiş gibi planlar yapmaya, 'Babam gelince parka gideriz' gibi cümleler kurmaya devam edebilir.

Yön Değiştirme

Bazen de duygular muhatabına yönlendirilemez haldedir. Mesela bir çocuk annesine öfkelendiğinde bu durum anneyi kutsal görme şemasıyla çatışır. Zihnindeki 'ideal anne' algısına zarar verir. Küçük bir çocuk için bu acı verici bir durumdur. Nitekim çocukların ebeveynlerini idealize etmeye gelişimsel olarak ihtiyaçları vardır. Bu ihtiyaç özdeşim kurabilmesi için var edilmiştir. Bu nedenle çocuk öfkesini annesine yöneltemez. Onun yerine oyuncaklarını fırlatır, arkadaşına vurur, çiçekleri koparır. Yani içindeki öfkeyi başka bir nesne veya kişiye yönlendirip, annesine olan öfkesinin verdiği acıdan benliğini korumuş olur.

Bazı durumlarda da çocuk 'ideal annesine' leke sürmemek için, ona olan negatif duygularını kendine yöneltir. Annesi kızıp vursa, 'Ben yaramazlık yapmıştım' ya da ona hakaret etse, 'Ben hak ettim' gibi bir algıyla *hatalı olmak* durumunu kendine yöneltir. Böylece ebeveynine olan negatif duyguların yönünü kendine doğru değiştirmiş olur.

Mantığa Bürüme

Ebeveynlerin yıkıcı ve yanlış tutumları çocuk için oldukça travmatik bir durumdur. Bu davranışların yanlış olduğunu kabul etmek ise çocuk için imkânsızdır çünkü çocuk ne görürse onu doğru kabul eder. Ama bir yandan da fıtri bir biçimde yanlış davranışın varlığını fark ettiği içsel bir çatışma yaşar. Böylesi durumlarda ebeveyninin olumsuz davranışlarını mantığa bürüyerek temize çekmeye çalışır. Danışmanlık seanslarında kendi annesinin yanlış tutumlarına dair bir cümle sarf ettiğinde huzursuz olan iç çocuğunu, 'Tabii o dönemde böyle pedagoji yoktu', 'Annem de bir dolu dertle uğraşıyordu, ne yapsın', 'Şimdi düşününce iyi ki beni böyle zorlamış, yoksa ben yapamazdım' gibi cümleler kuran yetişkinler çocuksu bir savunma mekanizmasıyla hâlâ ebeveynlerini temize çekmeye çalışmaktadır.

Gerileme

Çocuğun temel ihtiyaçlarının sevgi dolu bir kabullenişle ebeveyni tarafından giderilmesine ihtiyacı vardır demiştik. İşte bu ihtiyaçlar giderilmediğinde bir savunma mekanizması olarak gerileme davranışı ortaya çıkar. Çocuk, ihtiyacının giderilmediği gelişimsel döneminden zihnen uzaklaşarak kendini iyi ve güvende hissettiği dönemin özelliklerini göstermeye başlar.

Kardeşi olan bir çocuğun içindeki gerilimi bastırmak için regrese olup altına kaçırması, parmağını emmesi ya da yine bebek gibi konuşması buna örnektir. Biz yetişkinlerde ise cenin pozisyonu alıp (iki bacağımızı büküp yan biçimde kapanarak) yatmak, stres ânında aşırı yiyip oral dönem davranışı ortaya koymak ya da sürekli geçmiş anılardan bahsedip bugünün gerçekliğinden uzaklaşmak bu mekanizmaya örnek olarak düşünülebilir.

Soyutlanma

Anne-babası tartışırken sanki hiç ortamda yokmuş gibi oyununa devam eden bir çocuk, kendini duygusal olarak bu çatışmadan korumak için soyutlanma mekanizmasını devreye sokar. Kendine yeni bir dünya kurarak, bu dünyayı güvenli bir alan gibi kullanır. Televizyon izlemek, bilgisayar oynamak, oyuncaklarıyla saatlerce dalgın bir biçimde zaman geçirmek birer soyutlanma davranışı olarak gözlenmektedir.

3. Var Olan Acıları Hatırlatmak

Bilinçdışımızın önemli bir misyonu da *zamanı geldiğinde* acı bohçalarını birer birer açmaktır. Bu noktada 'Ne alakası var ki? Madem o duyguyu/acıyı bastırdın, beni korudun, şimdi neden açıyorsun' diye düşünebiliriz. Lakin bu bilinçaltı süreç bizim için oldukça faydalı ve kıymetlidir.

Şöyle anlatalım, bilinçdışımız biz çocukken bizi acılardan korumak için adeta kırk takla atar ve bunu gayet güzel bir şekilde başarır. Bunu yapar, çünkü biz çocuğuzdur. Ne olaylarla baş edebilecek gücümüz ne çözüm üretebilecek idrakimiz ne de onları yönetecek kabiliyetimiz vardır. Bu nedenle acı bohçaları birer birer saklanır. Ne zamana kadar? Onlarla yüzleşebilecek, acılarımızı yönetebilecek, hatta o acıları kendimize merdiven yapıp tekâmül basamaklarını tek tek çıkabilecek yaşa gelinceye kadar.

O yaş geldiğinde *-yani biz yetişkin olduğumuzda-* acı bohçaları bilinçdışında bir yerlerde olduklarını bize hatırlatacak sinyaller vermeye başlar. Bu sinyaller bazen bir rüya, bazen bir dil sürçmesi, bazen de sürekli tekrar eden bir yaşam döngüsüdür.

'Bu olay da hep beni buluyor!'

'Zaten insanlar hep güvenilmezdir. Bak yine güvenimi boşa çıkardılar.'
'İnsanlar hep kullanır!'
'Eşimin sevgisine bir türlü inanamıyorum.'
'Öfkeli bir anne olmak istemiyorum ama çocuğumun bu şımarık halleri beni çileden çıkarıyor' dediğimiz yaşam döngüleri bize adeta, 'Bak bu konuda bir bohçan var. Bu yüzden hep tetikleniyorsun. Aynı olayları tekrar tekrar hayatına çekiyorsun. Bunları fark et, bohçanı aç ve iyileştir' diye fısıldamaktadır.

Çünkü artık çocuk değilizdir. Yani acılarımızı yönetebilecek ruhsal donanıma sahibizdir. Bu yüzden bohçaları açmanın, onları kabul edip serbest bırakmanın zamanı gelmiştir.
Ama bu sanıldığı gibi kolay değildir. Çünkü karşımızda çok konforlu bir psikolojik mekanizma durmaktadır: '*Direnç*'

Bu satırları yazmadan birkaç gün evvel bir dostumla çocukluk acılarına dair sohbet ediyorduk. Kendi annesiyle yaşadığı sıkıntılar, içinde oluşmuş 'bağ kuramama' hissi ve sevilmeme şeması evliliğine ve çocuklarıyla olan ilişkisine açık bir şekilde zarar veriyordu. Konuşmamız esnasında kendisi de bu farkındalığa geldi. Birlikte, yaşamında süregelen döngüleri bilinç düzeyine çıkardık ve bu döngülerle ilgili çalışabileceğini, geçmişin acı bohçalarını açıp rahatlayabileceğini konuştuk. Dostum, bilinçli aklıyla konuştuklarımıza ikna oldu, 'Haklısın yapmam gerek' dedi, değişmek istediğinden bahsetti. Buraya kadar sorun yok gibiydi. Ardından elime telefonumu alıp, 'Bak bu konuyla ilgili sana bir terapist arkadaşımı önereyim' dedim. Birden yüz ifadesi değişti, gerildiği her halinden belliydi. Birden maddi durumunun yokluğundan, terapi ücretlerinin sıkıntı oluşturacağından bahsetmeye başladı. İçindeki *direnç sistemi* harekete geçmişti. Paranın sorun olmayacağını, bir ödeme planı yapmak için arkadaşımdan ricacı olabileceğimi, zaten insanlara bu noktada yardımcı olan biri olduğunu söyledim. Bu defa dostumdan şu cevap geldi: 'Ha iyiymiş o zaman, bunu yapayım. Ama sonra olsun çünkü bu aralar çok yoğunum, hiç vaktim yok!'

Bir yandan bu denli iyileşmek isterken diğer taraftan neden direnç gösteririz? Çünkü insan için bilinmezlik rahatsızlık vericidir. Çok kötü bile olsa bildiğimiz bizim için konforludur. Çocukluğumuzda yaşadığımız acı deneyimler nasılsa deneyimlenmiştir ve onlara dair savunma mekanizmalarımız oluşmuş, gerekli bağışıklık sağlanmıştır. Bu nedenle çoğunlukla bildiğimiz olayın içinde kalmak için direnç gösteririz. Ağzımız, 'Bundan kurtulmak istiyorum, değişmek istiyorum, iyileşmek istiyorum' dese bile, hareketlerimiz çoğunlukla sabit kalır. Danışmanlık odalarında birbirlerinin davranışlarından şikâyet etmelerine rağmen reelde değişime kapalı olan ve bunun ötesinde ayrılmaya dahi direnç gösteren yüzlerce çiftin temel sorunu budur. Konforlu alanı terk etme korkusudur.

Peki, acı verici bohçalar birer birer tetiklenip bilinçdışımız tarafından açılıyorken biz o bohçaları açmaya direnç gösterirsek ne olur?

Tabii ortaya yeni savunma mekanizmaları çıkar!

Nitekim bilinçli aklımız, 'Git tedavi ol, iyileş' diyorken, içimizdeki çocuk 'Hayır yapma, çok acı çekersin' diye fısıldadığında iç dünyamızda yoğun bir çatışma yaşarız. Oluşan bu dirence sarılabilmemiz için içimizdeki çocuğu (ve tabii ona acı veren ebeveynlerini) haklı çıkarmamız gerekir. İşte bu noktada karşımıza bazı telafi davranışları çıkar:

İdealleştirme

Anne-babayı (ve yaptıklarını) idealleştirme aslında çocukluk dönemine ait bir savunma mekanizmasıdır. Nitekim çocuğun ana babasını mükemmel görmeye ihtiyacı vardır. Çocuk özdeşim kurabilmek, güvende hissedebilmek, rehber görüp yolunu takip edebilmek için ebeveyninin mükemmel olduğunu bilmeye, öyle inanmaya ihtiyaç duyar. Bu nedenle onların mükemmelliğini sarsacak tüm algılarıyla savaşır ve onları dönüştürür. Örneğin bir baba çocuğunu dövüyor olsa, normalde bu davranış babanın hatalı davranışı iken, çocuk bunu kendine yöneltir ve 'Ben hatalıydım, onu kızdırdım' der. Bir anne-baba boşanıyor olsa, çoğunlukla ayrılık sebebi çocuklar değil kendi anlaşmazlıklarıdır ama çocuk, 'Benim yüzümden ayrılıyorlar, yaramazlık yapmasaydım kavga etmezlerdi' diye düşünür. Hatayı kendine mal eder. Böylelikle ebeveynlerini idealize etmeye devam edebilir.

Lakin çocuk büyüdükçe fark eder ki, ana babası mükemmel değildir. Hataları, yanlışları, zaafları olan sıradan insanlardır. Süpermen sandığı babasının hiçbir süperliği yoktur, üstelik yıldızlara dokunabilir sandığı annesi bırakın yıldızları, yavrusunun yüreğine bile dokunamamıştır. İlaveten bilinçdışı çocuğu, 'Bak şurada yaran var. Bak buraya ebeveynlerin şu acı bohçasını bıraktı' diye tetiklemelere de başlar. Tüm bu farkındalık ve tetiklenmelerle sistem gerilim yaşar. Yaşanan bu iç gerilim bizi tedirgin eder, bunaltır, sıkar, iç huzurumuzu alır götürür. Bununla ilgili bir şey yapmamız gerekir. Yapılacak en sağlıklı şey çocukluk algımızla yüzleşmek, ebeveynlerimizi idealleştirme dürtüsünden kurtulup onları oldukları gibi görebilecek gerçeklik algısına erişebilmektir. Ama bu pek çok bedeli beraberinde getirir. Bu bedeli ödemektense ebeveynlerimizi idealize etmeye devam etmek daha konforludur.

İnsanların çocukluk yıllarındaki olaylar üstünde çalışmaktan kaçınmalarının bir nedeni de 'Boşa yaşanmış' hissinin ağır bir duygu olmasındandır. Öyle ya, bir seans odasında çocukluğumuzda yaşadığımız olayların, bakış açılarımızın, düşünce kalıplarımızın ne kadar hatalı olduğunu görmüş olsak inandığımız her şeyi çökertip baştan inşa ettiğimiz bir sürece girmemiz gerekecektir. Bu, kolay bir iş değildir.

Bu nedenle çocukluğumuzdan aşina olduğumuz *idealleştirme* mekanizması yeniden devreye girer. Ana babamızın yaptığı yanlış davranışları bugünün ağzıyla onaylayarak 'Aslında onlar doğru yaptılar' demeye başlarız.

'Pedagoji falan diyoruz ama biz ne kadar uslu çocuklardık, bugünün çocukları çok şımarık. Bence o zamanın anneleri bu işi daha iyi biliyordu.'
'Aman canım, dayak cennetten çıkmadır sonuçta. Anne babamız bizi dövdüyse iyiliğimiz için dövdü. Ellerine sağlık, iyi ki yaptılar.'
'Annem çok temiz titiz bir kadındı. Evdeki eşyalara hiç dokundurmazdı. Ev hep temiz ve düzenliydi. Maşallah, dört çocukla o düzeni sağlayabilmek büyük bir iş. Keşke ona benzesem...'
'Babam aslında bizi çok seviyor ama gösteremiyor. Ne yapsın, kendi de dedemden görmemiş ki...'
'Annem babam hep bizim için çalıştılar. Öyle ki, yüzlerini bile göremezdik, o denli yoğun çalışırlardı. Hep bizim için didindiler, Allah onlardan razı olsun.'

Bütün bu cümleler ebeveyni idealleştirme ihtiyacının birer yansıması olarak karşımızda durur. Eğer onlara tutunmaya devam edersek, iyileşmemizin önündeki engele dönüşürler çünkü geçmiş yaralarımızı sarabilmenin ilk şartı, o yaraların orada olduğunu görmek ve kabul etmektir. İyileşme süreci ancak anne babamızın hata yapabilen (ve yapmış olan) insanlar olduğunu kabullenmemizle başlar.

Kaçınma

Kaçınma, teslim olma ve aşırı telafi mekanizmalarını anlatırken Jefferey Young'ın şema terapi kavramından biraz bahsetmek istiyorum. Young'a göre, insan zihni tekrarlarla öğrenir. Eğer uzun süreli ve yoğun bir uyarılma yaşarsak, uyarıya maruz kalan sinir ağları birbirlerine güçlü bir biçimde tutunur ve sinirsel bir grup oluştururlar. Bu geçici uyarılmadan kalıcı bir şema ortaya çıkar. Şemalar öyle sistemlerdir ki, beyinde bir 'çekici' işlevi görürler. Nasıl ki dikkat çekici bir kişi bakışları üzerinde topluyorsa, şemalar da içeriklerine uygun kişi ve olayları hayatımıza çekip toplarlar.

Ebeveynlerimizin bize olan tutumlarını içselleştirirken onlarla ilgili şemalar oluştururuz. Annemiz bizi dövüyorsa içimizde, 'Ben iyi muameleyi hak etmeyecek kadar değersiz biriyim' şeması oluşabilir. Ya da sürekli eleştiri duyuyorsak, 'Ben yetersiz bir insanım' şemasına sahip olabiliriz. Annemizin duygusal mesafeli tavırları bağ kurma şemamıza olumsuz etki ederken, bizim yerimize her şeyi yapan bir ebeveyn, alan kurma ve otonomi kazanma şemamıza zarar verebilir. İşte bebeklikten yetişkinliğe değin zihnimizde oluşan bu güçlü şemalar *-eğer olumsuzluk içeriyorlarsa-* içsel bir gerilim oluştururlar. Bizler de bu gerilimle baş etmek için üç başa çıkma tepkisi ortaya koyarız.

Bu tepkilerden ilki kaçınmadır. Kaçınma davranışı bizi acı verici öğrenmelerden uzak tutar. Örneğin duygusal olarak sert ve mesafeli bir annenin çocuğu isek, yetişkinliğimizde 'Ben yalnız kurdum. Kimseye ihtiyacım yok' diyerek yakın ilişkilerden kaçınabiliriz. Nitekim yakın bir ilişki kurmak bize çocukluğumuzda aradığımız ve annemiz tarafından karşılanmayan yakınlık ihtiyacını hatırlatabilir. Ya da içinde var olduğumuz ilişkiyi yüzeysel ve mesafeli yaşayarak kendi yakınlık kurma ihtiyacımızdan kaçınabiliriz. Bazen de başkalarında gördüğümüz yakın ilişkiler bizim için birer tetikleyiciye dönüşebilir.

Adına Latife diyeceğim bir danışanım annesinden mesafeli bir annelik görmüştü. Çocukluğunda annesiyle ilişkisini, 'Hiçbir bağ hissedemiyorum' diye tanımlıyordu. Eşi ise annesi ve ablasına oldukça bağlı, bir sıkıntıları olduğunda destek olan, arayıp soran, varlıklarını kendine güç bilen bir beyefendiydi. Latife, eşinin annesine olan yakınlığına çok öfkeleniyor, 'Nasıl böyle düşkün olur! Ana kuzusu mu bu adam! Ailesi artık onlar değil, benim' diyordu. Eşi ise Latife'nin bu tutumlarına bir türlü anlam veremediğini söylüyor, 'O annem, Latife eşim. İkisinin yeri tabii ki ayrı, nasıl böyle düşünebilir' diye şaşkınlığını ifade ediyordu. Latife bilinçli düzeyde bir evladın (kız ya da erkek fark etmez) annesine karşı sorumlulukları olduğunu kabul ediyor, kendi çocukları tarafından da ileriki yıllarda aranıp sorulmak istediğini ifade ediyordu. Bununla birlikte anne hasta olduğunda evladının yardıma koşmasını normal ve doğal bulduğunu başkalarının öyküleri üzerinden konuşunca ifade edebiliyordu. Ama iş kendi eşine gelince değişiyordu. 'Annesine yakın davrandığında çok öfkeleniyorum!' ifadesiyle içindeki fırtınalı durumu tarif ediyordu.

Latife'nin içinde oluşan işlevsiz öfke duygusu, eşinin annesiyle sıcak bir ilişki kurmasından tetiklenen bilinçdışı bir yazılımı işaret eder. Latife öfkelenmektedir çünkü eşinin sıcak ana-evlat ilişkisi kendi içini acıtan mesafeli ana-evlat ilişkisinin acısını ortaya çıkarmaktadır. Onları sıcak bir ilişki içinde görmek, iç dünyasında kendinde var olmayan ilişkiyi açığa düşürmektedir. Nitekim alternatifini görmek, 'Zaten her anne-çocuk ilişkisi böyledir' açıklamasına izin vermemekte, kendi ilişkisine dair bastırdığı duyguları gün yüzüne çıkarmaktadır. Latife bu yüzden yoğun bir biçimde öfke hisseder. Her ne kadar bilinçli aklı çok mantıklı bulmasa da bilinçdışı bir zorlantıyla eşiyle annesinin ilişkisini sabote edecek davranışlar ortaya koyar.

Teslim Olma

Bazen de oluşmuş şemalarımız hayata dair kabullendiğimiz inançlarımıza dönüşür. Bizler de bu şemalara teslim olur, onların gerektirdiği gibi davranmaya başlarız. Örneğin, tutarsız bir ebeveynin rehberliğinde kaygılı bağlanma örüntüsü geliştirmiş bir çocuğun şeması, 'Her zaman yarı yolda bırakılırım' olarak şekillenir. Nitekim ebeveyn duygusal olarak bir vardır, bir yoktur. Bu şemanın teslim olma davranışı ilişkilerde ikircikli (kıskanç-sahiplenen/uzak-ilgisiz) davranışlar ortaya koyup terk edilme (yani yarı yolda bırakılma) şeklinde ortaya çıkabilir. Ya da çevresindeki kişilere (eş, çocuk) ulaşılamayacak ilişkiler, hedefler, beklentiler koyup kişiler bunları gerçekleştiremeyince 'yarı yolda bırakılma' şemasına katkı sağlayacak ispatlar toplayabilir.

Biliyorsunuz toplumumuzda yaşanan gelin-kayınvalide sorununun temel sebeplerinden biri kayınvalidelerin oğullarını gelinleriyle paylaşamamasından ileri gelir. Hatta kayınvalide gelinini kendi seçip beğenmiş dahi olsa, oğluyla evlendikten sonra işin rengi değişebilir ve oğlunun eşiyle birlikte olduğu zamanları, 'Ben terk edildim' olarak yorumlayabilir. İşte bu bakış açısının altında çoğunlukla ebeveynin yalnız bıraktığı (duygusal olarak), tutarsız davrandığı, kendini güvensiz hisseden ve her zaman terk edileceğine inanan bir çocukluk şeması vardır.

Bağımlılık şeması olan bir kişi bağımlı ilişkiler kurmaya, incinebilirlik şeması aktif olan kişi tehlikeli durumlar konusunda aşırı tetikte davranmaya, başarısızlık şeması yoğun olan biri yapabileceğini düşündüğü işler alıp yenilikler konusunda kaçınmacı davranmaya, boyun eğmeyi şemalaştırmış bir birey diğer kişilerin isteklerine boyun eğici tutumlar geliştirmeye, onay ihtiyacı olanlar ise bir teslim olma davranışı olarak diğer insanların beklentisi doğrultusunda davranmaya meyyal olabilirler.

Aşırı Telafi Etme

Kitabın ilk taslağını okuyan bir dostum daha ilk sayfalarda, 'Çok eleştiri duyan çocuk yetersizlik şeması geliştirir yazmışsın. Ben buna katılmıyorum. Ben çocukken çok eleştirildim. Annem hiçbir yaptığımı beğenmezdi. Hep 'olmamış' derdi. Ama ben kendimi hiç yetersiz hissetmezdim. İçten içe olduğunu, yapabildiğimi bilirdim çünkü. Hâlâ öyle, bırak kendimi yetersiz görmeyi, bilakis oldukça mükemmeliyetçi ve titiz biriyim' dedi.

Dostumun bahsettiği bu durum *aşırı telafi etme* konusuna şahane bir örnekti aslında. Nitekim hayatın içinde maruz kaldığımız şemalara kişilik yapımıza uygun deneyim kalıpları oluştururuz. Yenilgiden ve başarısızlıktan korkan ya da kendini yetersiz hisseden bir kişi *şemaya teslim olacak* bir karakter yapısındaysa yeniliklerden ve değişimden kaçan, yapabildiğini düşündüğü işleri tercih eden biri olur. Bu şemanın *kaçınma mekanizması* yılgın ve küskün bir biçimde akışa kendini bırakmış, gelişmeye ve yeniliğe kapalı bir yetişkinlik tavrı olarak oluşmaktadır. Diğer uçta, *aşırı telafi etme* tutumunda ise katı istekleri olan, mükemmeliyetçi, hatta bazen başkalarının potansiyelini küçümseyen ya da beğenmeyen bir yapı vardır. Bu üç tavır birbirinden farklı olsa da altta yatan sebep hep aynıdır: '*Yenilgi ve başarısızlıktan korkma, kendini yetersiz hissetme*' şeması.

Bazen bu mekanizmalardan bahsettiğimiz kişiler 'Ama ben yapı olarak titizim, mükemmeliyetçiyim ya da çalışkanım' derler. Bu tutumların patolojik birer savunma mekanizması değil de iyi birer özellik olduğunu söylerler. Burada kendimize soracağımız soru şudur: 'Bu denli titiz, çalışkan, mükemmeliyetçi, güçlü, detaycı vs. olmak beni yoruyor mu?' Nitekim yaratılıştan var olan *-yani fıtri olan-* özellikler insanı yormaz. Ve fakat bir şemanın telafisi olarak ortaya konan her türlü mekanizma zaman içinde insanı yoran, gücünü ve enerjisini emen bir hale dönüşür. Bu nedenledir ki, az önce güçlü olmasından övgülerle bahseden bir anneye, 'Peki, her şeyin yükünü bu denli omuzlamak sizi yormuyor mu?' diye sorduğunuzda, 'Çok yorgunum' diye ağlamaya başlayacaktır.

Suçu Başkasına Atma

Çocukluk yıllarında yansıtma olarak karşımıza çıkan bu savunma mekanizması, yetişkinlik yıllarında suçu başkasına atma olarak karşımıza çıkar. Örneğin, bir kadın kendi annesinin uyguladığı şiddeti babaannesine yansıtıp, 'Hep babaannem yüzünden oldu' diyebilir. Ya da içinde ebeveynlerine kızgın olan parçasını eşine yansıtıp annesiyle yaşadığı travmatik yaşantıyı eşiyle olan ilişkisinde yeniden canlandırabilir.

Carl Gustav Jung, insanın bir gölge tarafı olduğundan bahseder. Jung'a göre kişi bilinçdışına bastırdığı olumsuz benlik algısını iki türlü ortaya çıkarır. Ya başkasına aşırı telafi ederek yansıtmayı seçer ya da bu özellik kendisinin değil başkasının bir özelliğiymiş gibi yansıtır.

Örneğin, ebeveyni aşırı kaygılı ve korumacı davranmış bir çocuk düşünelim. Bu çocuğun muhtemelen incinebilirlik şeması aktif olacaktır. İç dünyasında kendini incinebilir ve kırılgan hisseden yetişkin hali, aşırı telafi edici yansıtma ile insanların genellikle acımasız, buyurgan ve zorba olduğundan dert yanabilecektir. Ya da kendi içinde var olan değersizlik şemasını, eşini ya da çocuğunu (kendinden gördüğü kişileri) değersiz hissettirerek yansıtabilecektir.

Bağımlılık Geliştirme

Bağımlılık geliştirme, iç sesimizi susturmak için başvurduğumuz en kestirme yoldur. Sonuna -izm konulan her davranış özünde kişinin iç gerilimini duymamak için ortaya koyduğu bir savunma mekanizmasıdır. Madde bağımlılığı, alışveriş bağımlılığı, yemek bağımlılığı, alkol bağımlılığı, seks bağımlılığı, iş bağımlılığı, oyun (kumar/bilgisayar oyunu vs) bağımlılığı hep bilinçdışımızın acı çığlıklarını susturmak için yöneldiğimiz sığınma davranışlarıdır.

Kurban ya da Kurtarıcı Olma

Şema kabulü bir süre sonra bizi 'kurban' rolüne sokar. 'Ben zaten yetersizim, zaten değersizim, hep ben suçluyum, hep beni bulur'... gibi onlarca kurban cümlesiyle bu rolü üstümüze çekip bir süre sonra rolümüze uygun davranmaya başlarız. Bilinçdışımız bizi ezecek, değersiz hissettirecek, aşağılayacak, utandıracak kişi ve olayları hayatımıza çeker.

Bazen de içimizdeki kötü şemaların sesini susturabilmek için herkese yardım eden, talep edilmediği halde insanları kurtaran, onlar adına hayatın yükünü sırtlanan bir *'kurtarıcı'* oluruz. Çocukluğumuzda gördüğümüz koşullu sevgi (yani şöyle yaparsam sevilirim inancı) bizi insanların istediği gibi davranmaya, onların istemediği şeyleri dahi yapmak için hayatımızı harcamaya yönlendirir. Bu halimiz toplum tarafından 'yardımsever insan' onayı aldıkça pekişir. Lakin işin ironik tarafı kurtarıcı rolünün bizi mutlu etmemesi, bilakis iç huzursuzluklarımızı artırarak devam etmesidir. Zira fıtri olarak ortaya çıkan yardım davranışı kişiyi mutmain eder, olumlu hislerini artırır ve huzur verir. Lakin bir savunma mekanizması olarak ortaya çıkan kurtarıcı davranışlar insanı yorar, yıpratır, kendi hayatının kontrolünü başka hayatlara ipotekli hale getirir.

Güç Hırsı

Çocukluğumuzda ne denli özgüven zedelenmesi yaşadıysak, yetişkinlik yıllarımızda o denli güç hırsına kapılabiliriz. Nitekim bilinçdışı bir düzeyde, kaybettiğimiz gücü ve güveni onarmak isteriz. Şiddet gösteren, zorbalık yapan, toplum kurallarına karşı çıkan, ahlaki kuralları görmezden gelen insanların geçmişi incelendiğinde hırpalanmış bir çocukluk bulmamız gayet olasıdır. Tabii bu durum mazeret olamaz.

Bu savunma mekanizmasının anneliğimize yansıyan boyutunda, gücünün yettiği çocuğuna disiplin adı altında zorbalık yapan bir anne görürüz. Çocuğuna zorla yemek yedirmek, zorla uyutmak, çocuğunun isteklerine mantıksızca karşı çıkmak, çocuğunun hayat sınırlarına zorla müdahil olmak gibi metazori davranışlar en sık görülen güç hırsı tutumlarındandır. Yine çocuğuna şiddet gösteren annelerin iç dünyasında kendi çocukluk acılarını örtmeye çalışan bir bilinçdışı mekanizması vardır.

Kontrolcülük

Bireyin kontrol çabası kendini yeterince güvende hissetmemesiyle ilgilidir. Çocukluğumuzda güven içinde bağ kuramadıysak, istismar veya ihmale uğrayıp kendimizi emniyette hissedemediysek yetişkinliğe yürüdüğümüzde karşımıza çıkan savunma davranışlardan biri kontrol etme dürtüsü olabilecektir. Nitekim içten içe kendimizi o kadar güvensiz ve emniyetsiz hissederiz ki, hayatı akışına bırakmak bizim için zorlaşır. Öngörülemez şeyler ve değişim bizi korkutur. İç gerilimimizi artırır. Bu nedenle yaşamın her alanına müdahale etmek, kontrolü elimizde tutmak isteriz.

Melda 27 yaşında genç bir anneydi. Bir araya geliş nedenimiz bu genç yaşında deneyimlediği tükenmişlik hissiydi. Titizlik takıntısının yanında, kontrol edemediği bir kontrol dürtüsü vardı. Her şeyi, eşini, çocuğunu, dostlarını en ince detayına kadar düşünüp programlamadan, onlar adına kararlar alıp bu kararların takibini yine kendine görev edinmeden rahat edemiyordu. Bu da haliyle onu çok yoruyordu. Bir bedende üç beş hayat yaşıyor gibiydi. Kontrolcü yanı, ironik bir biçimde kontrol edemediği tek şeydi.

Melda'nın öyküsünde derinleşirken çocukluk çağında maruz kaldığı istismar davranışları çıktı karşımıza. Dönem dönem hem cinsel, hem fiziksel hem de duygusal olarak istismara uğramıştı. Bu davranışlar karşısında kendini çok çaresiz hissetmiş, yapabileceği hiçbir şey olmamıştı. Hayatını kendi yönetmiyordu sanki, birilerinin kararlarının mağduru ve mahkûmu gibiydi. Bu mağduriyet Melda'ya aşırı mükemmeliyetçi ve kontrolcü bir yapı emanet etmişti. Lakin bu çok yorucuydu. Genç kadın henüz yirmili yaşlarında tükenmişlik duygusuyla karşı karşıya kalmıştı.

Kontrolcü kişilerin ağzında hep şu mantığa bürüme cümleleri vardır:

'Onun adına ben karar vermezsem kendi yapamaz ki!'
'Çocuğumun yemeğini yedirmezsem aç kalır.'
'Evliliğimizde hep ben plan yaparım, eşim hiç yapmaz.'
'Çocukların tüm gününü planlarım.'
'Ben olmasam hiçbir şey yapamazlar.'

Kontrolcülük, başlarda kişiye güç kazandırıyor gibi gelse de aslında gücü emen bir dürtüdür. Nitekim kontrolü elden bıraksa hayatının dağılıp gideceği düşüncesine dayanır. Bu, kişiyi güçsüzleştiren bir düşüncedir. Aynı obsesif kompulsif tutumlarda olduğu gibi, kişi kendini güvensiz ve güçsüz hisseder. Bu his ona kontrol etme itkisi verir. Kontrol ettikçe bir süre rahatlar ve fakat kontrolü bıraktığında olabileceklerin düşüncesi kendini daha da güvensiz ve güçsüz hissetmesine neden olur. Bu hisler daha kontrol etme ihtiyacı oluşturur. Böylece bu yorucu döngü devam eder.

Kontrol ihtiyacı bazen de takıntılı düşüncelerle kendini gösterir. Obsesif ruminasyon dediğimiz bu saplantılı düşünce itkisi, en az kontrolcü davranışlar kadar yorucu ve zorlayıcıdır. Gerek kontrol davranışları gerekse obsesif ruminasyon için ilk tedavi adımı farkına varmak, bedeni ve zihni rahat bırakmak, gün içinde durup sakin/serbest kaldığımız (hiçbir iş yapmadan durduğumuz) anlar oluşturmak ve tevekkel yanımızı taktir ve tebrikle pekiştirip geliştirmektir.

Tepkisellik (Agresyon)

Etrafımızda bize göre küçücük şeylere alınan, pek çok şeyi kişiselleştiren, bir birimlik meselelere on birimlik tepkiler veren insanlar vardır. Ya da belki biz böyleyizdir. Bu savunmaya geçme durumu kişinin iç dünyasının kırılganlığıyla ilgidir. Bir kişi ne denli kırılgansa, o denli kırıcı davranmaya yatkın olur.

Çocukluğumuzda her birimiz farklı travmatik süreçler yaşadık. Hepimizin tetiklendiği, zayıf hissettiği, incindiği alanlar farklı. İşte bu alanlar yumuşak karnımızı oluşturur. Yumuşak karnımızı koruyabilmek içinse sert tepkiler ortaya koyabiliriz.

Sena ve Ragıp aile danışmanlığı almaya başladıklarında ortaya koydukları belli örüntüler vardı. Sena, Ragıp'ın eve geç gelmesine tahammül edemiyor ve muhakkak kavga çıkarıyordu. Bu geç geliş yarım saat olsa dahi Sena için büyük problemdi. Ragıp ise söylediği bir şey beklendiği şekilde yapılmadığında kalp kırıcı tepkiler ortaya koyuyordu. Bir keresinde, 'Kahvaltıda ekmeği kızarmış sevdiğimi bildiğin halde ısrarla yapmıyorsun' ile başlayan büyük bir kavgaları olmuştu.

Sena'nın çocukluğunda var olan 'Terk edilme/yalnız bırakılma' şeması eşi eve geç geldiğinde tetikleniyor, içindeki yalnız çocuk acı çekiyor, Sena bu yumuşak karnını sert bir tepki göstererek örtmeye çalışıyordu. Ragıp'ın çocukluğu ise kale alınmadığı, sözünün önemli olmadığı bir aile ortamında geçmişti. Dolayısıyla sözünün kale alınmaması Ragıp için çocukluğunun acı bohçasını ortaya çıkaran bir tetiklenme oluşturuyordu. Bu da tepkisel davranışlar ortaya koymasına neden oluyordu.

Bugün çocuğumuza bu gözle bakabilir ve kendi tepki alanlarımızı tespit edebiliriz. Çocuğumuz ne yaptığında öfkeleniyoruz? Ne bizi tetikliyor? Hangi örüntü bizi agresif olmaya sürüklüyor? İşte yumuşak karnımız tam da buradadır.

Rol Yapma

Her birimiz hayatın akışı içerisinde belli maskeler kullanırız. Jung'un 'persona' dediği bu maskeler, yaşama uyum için gerekli ve kaçınılmazdır. Nitekim uyulması gereken toplumsal kurallar, değerler, örf ve âdetler, toplumsal roller vardır. Toplumun bir parçası olabilmek için davranışlarımızı belli noktalarda toplumla uyumlu kılmamız gerekir ve bu doğaldır.

Lakin bazılarımız maskeli olma halini her rolüne ve rollerinin her ânına sirayet ettirir. Çocukluğunda, 'Ben olduğum halimle kabul göremem. Kabul görebilmem için her daim insanlara uyumlanmam gerekir' şeması yerleşmiş kişiler ilişkilerinin içinde adeta koy olurlar, 'ben'lerini ortaya koyamazlar. Bulundukları ortam/grup nasıl olmalarını istiyorsa o şekilde olmak zorunda hissederler. Toplumun var olan şemaları neyi kabul ediyorsa, hiç sorgulamadan aşırı bir uyum davranışı sergilerler.

Bana, 'Bir insanın kendine yapabileceği en büyük kötülük nedir' diye sormuş olsanız, 'Kendini kaybetmek/hiç etmektir' derdim. Çünkü kişiye Rahman-ı Rahim tarafından verilmiş en kıymetli hediye kendisidir. İnsanın kendisi, Allah'ın ona ruhundan bir parça üflediği, kendine has esma karmasıyla donattığı, aynı el izi, retina biçimi ya da dil izleri gibi yalnız kendisine özgün kılınan halidir. Bu nedenle insan kendi olabildiği ve kendini olduğu haliyle ortaya koyabildiği sürece mutlu ve huzurludur.

Çocuklar bunu çok fıtri bir biçimde yaparlar. Oldukları gibidirler, rol yapmazlar. Ve fakat kendilerini oldukları haliyle kabul etmeyen yetişkinlerin yanında 'ben' olmamayı öğrenirler.

'Ne kadar yavaşsın.'
'Ne kadar beceriksizsin.'
'Bir onu yapıyorsun, bir bunu! Ne ayran gönüllüsün.'
'Hadi çabuk olsana!'
'Bırak bırak! Ben yaparım!'
'Uğraştığın işlere bak! Ne gereksiz şeyler yapıyorsun!'

Bütün bu cümleler çocuğun var olan istidadını, fıtratını, özünü reddeden cümlelerdir. Bunları duyan çocuk zaman içinde kendi olmaktan vazgeçtiği bir mekanizma geliştirerek rol yapmaya başlar. Yavaşlığı kabul görmeyen çocuk hızlanır, ilgi alanı kabul görmeyen çocuk ilgi alanını yetişkinlere göre ayarlar, becerisi kabul görmeyen çocuk annesinin istediği konularda kabul görmeye çalışır, ağlaması, gülmesi kabul görmeyen çocuk duygularından uzaklaşır... Böylece zaman içinde özgünlüğünü kaybeder. Rol yapmaya, -mış gibi davranmaya başlar.

Yetişkinlik yıllarına taşınan bu hal insanın iç huzursuzluğunun hem kamuflajı hem de temel nedenlerinden biri olur. Kendi esmasını bulamayan (aramak için çaba harcamayan) insan insanlar nezdinde başarılı, güçlü ya da özgüvenli gözükse de iç dünyasında ince bir kristal gibi narin ve kırılgandır.

2. BÖLÜM:

'MÜKEMMEL' DEĞİL 'MÜKELLEF' ANNELİK

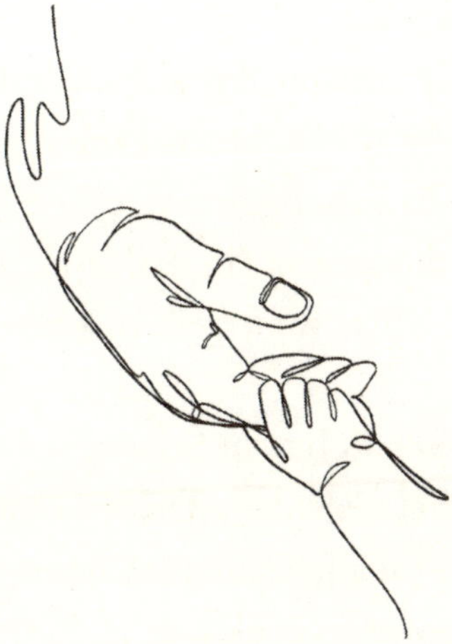

Bu bölümde
iyileşebilmek için bilmemiz gereken
temel kavramlardan,
ve bakış açılarından
bahsedeceğiz.

Çünkü çoğu zaman canımızı acıtan şey
olaylar değil,
onlara yüklediğimiz manadır.

'MÜKEMMEL' DEĞİL 'MÜKELLEF' ANNELİK

'Gerçek sizi özgürleştirir.'
Kitab-ı Mukaddes, 8:32

Annelikle ilgili temel bazı kavramları paylaşayım istiyorum. Böylece kendi annemizden ne beklememiz gerektiğini, çocukluğumuzda neyin eksik kaldığını daha iyi tespit edebileceğiz.

1950'li yıllarda İngiliz Pediatrist ve Psikanalist Donald Winnicott, *'Yeterince İyi Annelik'* kavramını gündeme getirdi. Winnicott'un tanımıyla bu kavram, annenin gebelik sürecinden başlayıp doğumdan sonraki ilk ayları içeren bir süreçte bebeğine yüzde yüz uyumlanması, hatta bebeğinin ihtiyaçlarını iyi bir duygusal okuma gerçekleştirerek önceden tahmin edip karşılamasıyla zeminleniyordu. Winnicott, bir bebeğin sağlıklı büyüyebilmesi için bebeklik döneminde annesine yüzde yüz bağımlı olması gerektiğini anlatmaktaydı. Öyle ki, bu süreç anne için şizoid bir epizod gibi kendinden vazgeçme, kendini adama ile eşdeğerdi. Winnicott bu sürece 'birincil annelik meşguliyeti' demekteydi. Bebek büyüyüp çocukluğa doğru eriştikçe anne, bebeğinin kendi başına giderebileceği ihtiyaçları oranında ona alan açarak, kendi yapmasına izin verip zaman zaman yaşadığı yoksunluklarla baş etmesine müsaade ederek bebeğinin gerçek kendiliğini inşa etmesini sağlamalıydı. İşte tüm bu süreç Winnicott'un tanımıyla *yeterince iyi annelikti.*

Winnicott'un 'yeterince iyi annelik' olarak ifade ettiği süreç için ben farklı bir kavram kullanıyorum: *'Mükellef Annelik'*

Nitekim bir çocuğun fiziksel sağlığından ve sağlıklı psikososyal gelişiminden o çocuğun dünyaya gelmesi için fiili ve kavli duada bulunan ebeveynlerinin mükellef olduğunu düşünüyorum.

Modern çağ bize pek çok kavram hediye etti. Sizlerin de defalarca denk geldiğini düşündüğüm bu kavramlardan bir tanesi 'Mükemmel Annelik'. Uzmanlar mükemmel anneliğin gerçek olamayacağı üzerine yazılar yazıyorlar. Özellikle sosyal medyada çocuğuna ilgi gösteren annelere, 'Sen mükemmel bir annesin' yorumu yapılıyor. Peki, uzmanların karşı çıktığı, annelerin ütopya saydığı bu mükemmellikten ne kast ediliyor?

Aslına bakarsanız mükemmellik ayrı bir şey, mükemmeliyetçilik çok ayrı bir şey... Bir insanın yaptığı işi en iyisi şekilde yapmaya gayret etmesi, amiyane tabirle salmaması, emeği ve farkındalığı elden bırakmaması bir nevi mükemmellik duası olarak yorumlanabilir. Bir anne büyük enerji ve gayret göstererek 'Mükemmel bir anne olayım' diyebilir. Bu kötü bir yönelim değil, bilakis takdire şayan bir sorumluluk bilincidir. Annenin çabası içinde hatalar olur, yanlışlar olur ama boş vermişlik olmaz. Hata varsa, hatadan dönmek de vardır. Yanlışlar varsa, doğruyu öğrenip telafi etmek de peşi sıra gelir. Lakin bir anne 'Mükemmel anne olayım' derken her şey hep dört dörtlük olsun, çocuğum hiç ağlamasın, üzülmesin, ben hiç yorgun olmayayım, hep enerjik olayım, her gün saatlerce çocuğumla oynayayım, çocuğumun her isteğini yerine getireyim... gibi bir algı içindeyse ve bunu yapamadığı zaman kendini yetersiz, eksik, kusurlu hissediyorsa, bu hal bize 'Mükemmeliyetçi' olma tanımını hatırlatacaktır.

Bu iki kavramın ayrımını şöyle düşünebiliriz. Mükemmel anne, elindeki şartlar ve fırsatları en iyi biçimde değerlendiren annedir. Elinde tereyağı ve un varsa helva kavuran, kavurduğu helvadan mutluluk duyan, 'Elimde yumurta da olsa pasta yapardım. Pasta yapamadığım için çok kötü bir anneyim' diye düşünmeden helvasının tadını çıkaran anne yeterince mükemmeldir. Mükemmeliyetçi anne ise, şartlarım dört dörtlük olsun diye çırpınıp duran, dört dörtlük şartlara ulaşamadığında ise öfkelenen, yıkıcı tutumlara ya da diğer uçta boş vermişliğe düşen annedir. Gözünü pastaya diktiği için helva yapmayı aklına bile getirmeyen, 'Ya pasta yaparım ya da hiç' düşüncesine kendini ve çocuğunu hapseden anne bunun gibidir.

Dolayısıyla literatürde tarif edilen mükemmellik ile günümüz algısındaki mükemmellik aynı değil gibi gözükmektedir. Negatif etkileri olan tutum mükemmellik değil, mükemmeliyetçiliktir. Nitekim Winnicott'un 'Yeterince İyi Anne' olarak tanımladığı süreç, bugünün perspektifinden bakıldığında oldukça mükemmeldir.

Mükellef anneliğin bütün bu tanımlara kattığı anlam ise 'sorumluluk bilinci' kavramında yatar.

Yıllar boyu seminerlerimde bana çocuklarından şikâyetamiz bir şekilde bahseden hanımlara şunu sordum: 'Bu çocukları kim istedi?'

Her birimiz belki yıllar boyu annelik duasıyla elimizi açıp Rabbimizden evlat dileğinde bulunmadık mı? Evlenip karıkoca olarak bu dileği fiili duaya taşımadık mı? Hadi diyelim ki ebeveyn olmanın sorumluluğunu anne-baba olmadan bilemezdik. Kabul. Ama ilk çocuğumuzda ebeveynlik yolculuğunun tüm gereklerini ve zorluklarını görmedik mi? O zaman ikinci, üçüncü çocuğu istememiz niye? Hadi istedik, şikâyetimiz kime ve neye?

En basit haliyle, eğer bir çocuğu birileri kapıya koyup kaçmadıysa, ana-babası onu isteyip bunun için uğraştıysa o zaman o çocuğun her yönüyle sağlıklı gelişiminden mesul olan kişiler yine onlardır. Bu, mükemmellik, yeterince iyilik, harikalık, süperlik... gibi kavramların çok ötesinde derin bir sorumluluk bilinci içeren 'Mükellef Anne' olma durumudur.

Bütün bu kavramları neden uzun uzun anlattım? Çünkü bizim annelerimiz de mükelleftiler. Bizlere doğru annelik yapmak zorunluluğuna sahiptiler. Bu kusursuzluk demek değildi elbette ve 'Onların zamanı zordu, yokluk içindeydiler, bilmiyorlardı, okumamışlardı, evlilikleri kötüydü' gibi mazeretlerin ardında saklı tutulamayacak kadar önemli bir meseleydi.

Nitekim zamanın 'gerçekleri' değişmiş olsa da 'gerekleri' değişmedi. Yeni doğmuş bir bebeğin sağlıklı büyüyebilmek için güven, emniyet, sevecen ve kuşatıcı bir bakım, rehberlik, güvenli bir sığınak, değer görme, saygınlık, empati, oyun gibi ihtiyaç duyduğu tüm şartlara bizlerin de çocukken ihtiyacı vardı. Ve bu ihtiyaçlarımız anne-babalarımız tarafından giderilmeliydi. Bu onların *mükellefiyetiydi.*

Kitabın tam bu noktasında şunu ifade etmekte fayda görüyorum. Bu bir 'suçlu arama' kitabı değildir. Annelerimizi suçlayıp, bugün kendimizde var olan olumsuz özelliklere bir kılıf bulalım ya da ebeveynliğimizde eksik ne varsa suçu annelerimize atıp kenara geçelim niyetiyle yazılmamıştır. Annelerimize kızalım, öfkelenelim, bağırıp çağıralım niyetiyle hiç yazılmamıştır. Ve fakat geçmişe dair duygusal yüklerimizden kurtulabilmenin ve iyileşebilmenin ilk yolunun o yükün varlığını görmek, kabul etmek ve duygu dünyamızda doğru yere getirmek olduğunu anlayabilmek önemlidir.

İYİ ANNE-KÖTÜ ANNE ALGISI

Çocukluğumuzdan beri masallarda, çizgi filmlerde, dizilerde, filmlerde kötülüğü de iyiliği de hep 'mutlak'mış gibi gördük. Kötüyse su katılmamış kötüydü, iyiyse içinde en ufak bir kötülük zerresi olmayacak kadar iyiydi. Eğer pamuk prensesin üvey annesiyseniz kendi kızlarınızı bile prensle evlenip saraya gitme bileti olduğu için severdiniz. O kadar kötüydünüz! Üvey kızınızın zaten yüzüne bile bakmaz, ağır işler verir, cine periye muhtaç ederdiniz. İyiyseniz de pamuk prenses gibi olmalıydınız. Annenizin babanızın ölmüş, üvey anne ve kardeşlerinizin size kronik bir biçimde kötülük yapıyor olması önemli değildi. Şöminenin külünü temizlerken dahi mutluluk şarkıları söylerdiniz, çünkü iyiydiniz!

Tüm masallarda böyle. Kötüler kelimenin tam anlamıyla su katılmamış kötü! Cadılar, üvey anneler, canavarlar, gulyabaniler... Kötülüğü tenleri gibi üzerlerine giymiş insanlar. Çizgi filmlerde de durum farklı değil. Yeterince uslu bir çocuk olursanız görebileceğiniz şirinler mutlak iyiliği, 'Şirinlerden nefret ediyorum' repliğiyle çocukluğumuzda iz bırakan Gargamel mutlak kötülüğü temsil ederdi. Bugs Bunny ve Avcı, Jerry ve Tom, Tweety ve Sylvester... hep 'iyi' ve 'kötü' örnekleriydi.

Yaşımız büyüyüp dizi ve film izlemeye başladığımızda gördüğümüz sahne yine değişmedi. Fakir ama iyi kalpli baş rol oyuncularının karşısında ekseriyetle kötü kalpli, dolandırıcı, gaddar fabrikatörler izledik. Ve küçüklüğümüzden beri gördüğümüz bu sahnelerin de etkisiyle zihnimizde mutlak iyi-mutlak kötü algıları oluşturduk.

Oysa *-diğer tüm duygu, davranış ve tutumlarda olduğu gibi-* iyilik ve kötülük birer noktayı değil, bir skalayı ifade eder. Bir ucunun mutlak kötülük, diğer ucunun mutlak iyilik olduğu uzunca bir skala düşünün. Kötülükten iyiliğe adım adım giden doğrusal bir düzlem. İşte her birimiz bu skala üzerinde bir yerlerdeyiz. Ama sabit değiliz. Gün içinde verdiğimiz bir kararla iyiliğe daha yakın dururken, başka bir kararımızla kötülük tarafına yaklaşabiliyoruz.

Din literatüründe bu skala 'Esfeli safilin' ile 'Alayı illiyyin' arası olarak tarif edilir. Esfeli safilin aşağıların aşağısı, alayi illiyyin ise yücelerin yücesi anlamlarında iki kelimedir. Yüce Rabbimiz insanın yaratılış mayasında bu iki nokta arasında gidip gelebilecek, aldığı kararlar neticesinde kötülüğe ya da iyiliğe yakınlaşabilecek bir potansiyelde olduğunu ifade eder. Yani aslında hem kötülük hem de iyilik aynı anda birer potansiyel olarak bizim içimizde yaşar. Kimse yaratılış itibariyle mutlak kötü ya da mutlak iyi değildir. Ve fakat herkes yine yaratılış itibariyle iyilik yapma ve kötülük yapma potansiyeline sahiptir.

Carl Gustav Jung bu gerçeği 'karşıtlık ilkesi' ile ifade eder. Jung'a göre insanın içinde uyanan her bir isteğin tam karşıtı yine insanın içinde mevcuttur. İyilik yapmaya meyleden bir insanın, derinlerde bir yerde o iyiliğin tam karşıtı olan kötü davranışı yapma potansiyeli de vardır. Jung buna 'gölge taraf' der. Bir örnek üzerinden anlatacak olursak, mesela bir görümce düşünelim. Ağabeyinin eşini kıskanıyor olsun. Bu onun gölge tarafıdır. Eğer gölge tarafının bu dürtüsünü görmezden gelir, açıkça isimlendirmez ise muhtemelen gelinlerinin arkasından konuşmak, annesini geline karşı doldurmak ya da gelinin olduğu ortamlarda huzursuzluk çıkarmak gibi davranışlarda bulunacaktır. Sen onu kıskanıyor musun yoksa, denildiğinde savunma mekanizmaları geliştirip 'Ne alakası var! Neden kıskanayım? Şu şu şu özelliklerinden hoşlanmıyorum...' gibi cümlelerle içindeki gölge tarafı rasyonalize etmeye çalışacaktır.

Oysa Jung, gölge tarafla baş etmenin en etkili yolunu 'onu kabul etmek' olarak ifade eder. Kabul edilmemiş duygu ve düşüncelerin kuvvetleneceğini ve gölge yanımızın etrafında bir kompleks örüntüsü oluşturacağını söyler. Görümce, içinde uyanan kıskançlığı fark ettiğinde onu bastırmak ya da inkâr etmek yerine kendi kendine açık yüreklilikle, 'İçimde bir kıskançlık duygusu oluştu. Acaba gelinimizin hangi hali bu duygunun uyanmasına neden oldu? Kıskançlık genellikle kaybedilen bir otorite algısıyla doğar. Acaba içimde ailemize yeni bir 'kız evlat' geldiği için yerimin sarsıldığı düşüncesi mi uyandı? Ya da ağabeyimin benim dışımda birine böyle ilgi göstermesi mi hoşuma gitmedi?' diye sebepleri sorgulayabilir. Bu sorgulama, 'Tamam gölge tarafım. Seni gördüm. Sorun yok. Böyle hissetmen normal. Ama korkma. Kimse kimsenin yerine geçmez. Ananın babanın kızı, ağabeyinin kardeşi sensin. Geline ve eşe duyulan sevgi farklı, kıza ve kardeşe duyulan sevgi farklıdır. Bu bir yarış değil' diyebilmenin ilk adımıdır. Ve bu davranış örüntüsü kişiliğimizi geliştirecek en önemli adımdır.

Bütün bu yaratılış sisteminin zihnimizde doğru konumlanması önemlidir. Nitekim annemizle olan ilişkimizi doğru değerlendirebilmek için onun mutlak iyi ya da kötü olmadığını, bazı davranışlarının iyiliğe, bazılarının ise kötülüğe yakın olabileceğini kabul etmemiz ve bu gerçekle barışmamız gerekiyor. Annemiz de her insan gibi iyi-kötü skalasında bir yerlerde duruyor ve bu duruş bazen günlük, bazen anlık değişimler gösteriyor.

Lakin bu cümleleri kurabilmek ve annemizin hatalarını konuşabilmek sanıldığı kadar kolay değil. Zira küçüklüğümüzden beri ana-babaya bırakın laf etmeyi 'of' bile dememek üzere büyütülen ve buna iman etmiş insanlarız. Dolayısıyla annemize karşı içimizde uyanan tüm gölge hislerimiz bize kendimizi kötü, pis, hatalı hissettiriyor. İçimizde annesine 'of' bile demeyecek kadar tabi olması gerektiğine inanmış parçamız, 'Sen nasıl kötü bir evlatsın. Annen seni doğurup büyütsün, onca fedakârlıkla bugünlere getirsin. Sen tut onu eleştir! Bu davranışı doğru değildi, bu tutumu hatalıydı de. Hiç olacak iş mi bu?!' deyip bize parmak sallıyor. Böylece çocukluğumuzda olan olaylarla yüzleşmeye çalıştığımızda içimizde derin bir utanç ve suçluluk duygusu oluşuyor. Bu duygudan kurtulmak için de geçmişimizi tüm gerçekliğiyle konuşup değerlendirmekten çoğu zaman kaçınıyoruz. Ya da sorulduğunda savunma cümleleriyle gölge tarafımızı susturuyoruz:

'Sus bakayım! Anne hakkında öyle şeyler hissedilir mi? Ne biçim evlatsın, ne biçim insansın, ne biçim Müslümansın sen!'

Bu hali o kadar ileri boyutlara taşıyoruz ki, bırakın gerçek hayatta annemizle yüzleşip konuşabilmeyi, bir terapi odasında, o an odada bulunmayan 'imge annemizle' bile yüzleşemiyoruz. Annemizin ardından konuşup hayaliyle hesaplaşmayı dahi kendimize zül sayıyoruz.

ANNEMİN HATALARINI FARK ETMEK BENİ KÖTÜ BİR İNSAN YAPMAZ!

Bağırmayan Anneler Atölyesi'nde bir güzel anneyle kendi annesiyle yüzleşme çalışması yapıyorduk. Çocukluğunda çok şiddet görmüştü. Annesinin mükemmeliyetçi tabiatı küçük kızı her şeyi doğru ve yerinde yapmaya zorlamış, yapamadığı her defa şiddet gördüğü bir çocukluğa neden olmuştu. Şiddet bazen dayak şeklinde kendini göstermiş, sıklıkla ağır azarlar işitmiş, beceriksizlikle etiketlenmiş, tehditten utandırılmaya kadar psikolojik şiddetin her türüne maruz kalmıştı.

Annenin oturduğu sandalyenin karşısına boş bir sandalye koydum. 'Şimdi bu sandalyede annenizin olduğunu hayal edin. Ona ne söylemek isterdiniz' dedim. Bir anda annenin beden dili değişti. Ezildi, büzüldü, sandalyede ufaldıkça ufaldı. Karşımda sanki otuzlu yaşlarında bir kadın değil de 3-5 yaşlarında ürkek bir kız çocuğu oturuyordu. Derin bir nefes aldı. Ne diyeyim ki, dedi, 'o benim annem sonuçta!'

Yer değişebilir miyiz, diye sordum. Siz danışman olun, ben de siz olayım. Sandalyeye oturdum ve şöyle dedim:

'Bana çocukken dayak atardın. Bu beni çok yaralardı. Sevilmediğimi hissederdim. Yanağımdan çok yüreğim acırdı. Bu yüzden sana kızgınım anne!'

Daha cümlelerim bitmeden danışman koltuğunda ürkekçe oturan o şiddet mağduru küçük kız hıçkırarak ağlamaya başlamıştı.

Annemiz bizi dünyaya getiren kişidir. Biz bir tohumsak, annemiz topraktır. Bizi bağrında saklar. Filizlenmemiz için bizi korur, kollar, gerekli ortamı sunar. Ağaç olma yolumuzda bize ev sahipliği yapar. İşin doğası böyledir. Bu nedenle bazen bizi solduran, çiçeklerimizi döken, meyvemizi acıtan kişinin annemiz olduğu gerçeğiyle yüzleşmek bize ağır gelir. Onu idealize etme ihtiyacımız, hatalarını görebilme yetimize ket vurur. Hatalarını fark edip dillendirirsek kendi gerçekliğimizi inkâr etmiş olacağımızdan korkarız. Eğer çiçeğimiz soldu, meyvemiz acıdıysa bundan toprağı değil, tohumu sorumlu tutarız. Yani kendimizi. Bu nedenle annesiyle problemli bir ilişki inşa edenlerimizin içinde derin bir suçluluk duygusu vardır. Annemizle ilişkimiz kötüdür çünkü yeterince uslu, akıllı, becerikli, zeki, çalışkan bir çocuk olmamışızdır. Böyle düşünmek daha kolaydır. Sorgulama ve yüzleşme gerektirmez. Ama bedeli oldukça ağırdır. Nitekim yıllar boyu tanıştığım, danışan koltuğunda küçüldükçe küçüldüğünü, mesleği, kariyeri, yaşı, mali durumu, statüsü ne kadar yüksek olursa olsun konu 'annesi' olunca içindeki derin yaraların acısıyla gözyaşı döktüğünü gördüğüm onlarca anne bana çocukluk acılarının çok da kolay mesele olmadığını gösterdiler.

Oysa annemizle olan ilişkimizi tarafsız bir biçimde, duygularımızı görerek ama onların esiri olmadan değerlendirmek mümkündür.

Annemizin de bir insan olduğu, aynı bugün bizim kendi anneliğimizde yaşadığımız gibi iniş çıkışları olabildiğini, canımızı yakan tutumlar sergileme sebebinin bize kötülük yapmaktan ziyade öğrendiği, bildiği, gücünün yettiği yol bu olduğu için gerçekleştiğini, anneliği bizimle öğrendiğini ve bu yolda hatalarının olmasının insani olduğunu, belki kendi annesinden gördüğü anneliğin onu hasta ettiğini ya da içinde bulunduğu bağlamın ruh sağlığını bozmuş olabileceğini düşünmek zihnimizdeki 'ideal anne' tabusunu olması gereken noktaya taşıyabilmemize yardım eder. Bütün bu sebepleri düşünmek annemizi mazur görelim diye değildir ve fakat anlayabilelim diyedir. Nitekim bir insanı anlamak demek, onu haklı bulmak anlamına gelmez. İnsani zaaflarını ve zayıflıklarını göz önünde bulundurmamız gerektiği anlamına gelir.

Bu bakış açısı benliğimizi annemizden ayırmamıza yardım eder. İçimizde kendini annesiyle bir bütün olarak gören ve annesini suçlamış olsa kendi suçlanmışçasına acı çeken parçamıza annemizin ayrı şartlarda, ayrı bir bağlamda, farklı bir hayat görüşüyle yaşamış bizden ayrı bir birey olduğunu hatırlatır. Annemiz biz olmadığı gibi, biz de bütünüyle annemiz değilizdir.

İYİ OLAY-KÖTÜ OLAY ALGISI

Terapi odalarında çocukluk yıllarının kapıları açılıp yaralar konuşulmaya başlandıkça, olumsuz anılar çoğu zaman çorap söküğü gibi peş peşe hatırlanır. Bir kere şu olmuştu, sonra da bu olmuştu, zaten o hep böyleydi... gibi tanımlarla öyle bir portre çizilir ki, sanki çocukluk yıllarımızda her şey her zaman kötü olmuş gibi hissedilir. Bu bir yanılgıdır.

Daha önce bahsettiğimiz gibi, insanlar mutlak iyi ya da kötü değildirler. Bu nedenle çocukluğumuzun toptan iyi ya da kötü olması da mümkün değildir. Çocukluk yıllarında taciz, tecavüz, işkence gibi büyük travmalar olan kişilerin bile bir terapist nezaretinde tırnaklarıyla kazarak buldukları olumlu anıları vardır. Nitekim aksi mümkün değildir. Güzel Rabbimizin *'Her zorluğun yanı başında muhakkak bir kolaylık vardır'* düsturu sırrınca, iyinin yanı başında kötü, kötünün yanı başında iyi hazır beklemektedir.

Çocukluğumuza dair kötü olayları daha çok ve daha kolay hatırlamamızın sebebi beynimizin amigdala bölgesidir. Amigdala, tüm olumsuz deneyimleri *-sırf onların varlığını unutup tekrar yaşamayalım diye-* yani bizi korumak için kayıt altına alır. Gıda zehirlenmesi yaşadığınız restoranın ismini hatırlamak, yemeğini çok sevdiğiniz bir mekânı hatırlamaktan kolaydır çünkü sisteminizin ilk görevi sizi hayatta tutmaktır. Eşinizin size söylediği kötü bir sözü hatırlamak, iyi bir sözü hatırlamaktan basittir çünkü o kötü sözün size hissettirdiği duygu sonucu ortaya çıkan savunma mekanizmalarına psikolojik sağlığınızı korumak için ihtiyacınız vardır. Konu çocukluğumuz olunca da durum böyledir. Annemizin yaşamamıza sebep olduğu travmalar amigdalamız tarafından itinayla kayıt altına alınır. Böylece sistemimiz bu travmaları bir daha yaşamamamız için kaçma/kaçınma, uyumlanma, tepkiselleşme, donma gibi belli davranış örüntüleri oluşturur. Biz bu savunma davranışlarını yaptıkça da olumsuz anının etkisi güncel kalır. Zaman içinde sanki sadece olumsuz anılarımız varmış gibi bir yanılsama oluşur.

Annelerle çocukluk yıllarına dair yaraları konuşurken 'merhemleri' de konuşmayı önemsiyorum. Yaralar nasıl ki canımızı yakıyorsa, merhemler de bize şifa olur ve güç katar. Peki merhem nedir? Aslına bakarsanız merhem dışarıda bir yerlerde değildir. Bizi güçlendiren merhemimiz, olumlu anılarımızdır. Onları hatırlamak ve anlatmak geçmişe dair incinmişliklerimizi onaran bir etki oluşturur. Güldüğümüz anılarımız ne denli fazlaysa, çocukluğumuzu o denli pozitif hatırlarız. Var olan olumlu anıları gülümseyerek anlatmak da işte bu nedenle bizi güçlendirir. Geçmişimizin toptan kötü olduğu inancıyla baş etmemizi sağlar.

Sizler de bu kitabı okurken geçmişe dönük yüzleşmelere her girdiğinizde, elinize bir kâğıt kalem alıp yaşadığınız acı verici olayları yazabilirsiniz. Bu olayların acısını içinizde hissetmeniz normaldir. Acınızı deneyimler ve bugünün penceresinden o olayı yeniden gözden geçirmeye gayret edersiniz. Bu çalışmayı yaparken kâğıdın öbür tarafına olumlu anılarınızı yazmanız önemlidir. Bu, geçmişi daha objektif değerlendirmenizi sağlar. Çünkü anneniz hem sizi döven hem de saçınızı şefkatle tarayan kişidir. Bir gün 'aptal' diye azarlayan, diğer gün 'akıllı kızım' diye sırtınızı sıvazlayan kişi annenizdir. Birlikte oyun oynadığınız, eğlendiğiniz ama ihtiyacınız olan başka bir gün 'defol git başımdan' diyebilen kişi yine anneniz olabilecektir. Bu nedenle annenize dair olumsuz anılarınızla yüzleşirken, olumlu anılarınızdan güç bulmak gerçekçi bir içsel denge sağlayacaktır.

BUGÜNÜN GÖZLÜĞÜYLE GEÇMİŞİ GÖRMEK

Kısa süreli çözüm odaklı terapi eğitimi aldığım dönemden zihnimde kalan bir cümle var. Kıymetli hocam Dr. Nevin Dölek, karanlık korkusu üzerine çalıştığı bir danışanını anlatırken aralarında şu diyaloğun geçtiğini söylemişti:

– (Danışanın adını Ayşe koyalım) Ayşe, şimdi gözlerini kapat. Arkana yaslan ve rahatla. Şimdi, şu an, bu koltukta 'Çocuk Ayşe' olmanı istiyorum. Çocuk halini gör. Saçını, kıyafetini, ayakkabılarını gör. Nasıl görünüyorsun?

– Çok küçüğüm. Üzerimde mavi bir elbise var. Annemin diktiği elbise. Çok seviyorum bu elbisemi. Hızlıca döndüğümde eteği balon gibi şişiyor. Çok hoşuma gidiyor. Saçlarım iki yandan örülmüş. Ben atkuyruğu istemiştim ama annem ısrarla ördü saçlarımı. Yemeğin içine giriyormuş saçım yoksa, bitlenirmişim...

– Kaç yaşındasın Ayşe?

– 5.

– Neredesin?

– Anneannemlerin köy evindeyim. Bayram için gelmişiz.

– Kalabalık mı? Kimler var?

– Evet. Çok kalabalık. Tüm akrabalarım, kuzenlerim, amcalarım, halam... herkes gelmiş. Büyük bir sofra kuruluyor. Evde bir telaş var, bayram sofrası telaşı. Biz kuzenlerimle bahçede oynuyoruz. (Burada Ayşe'nin yüzü gerilir. Stres seviyesi artmış gibi, rahatsız görünmektedir)

– Ne oldu Ayşe? Seni ne rahatsız etti?

– Annem. Kömürlüğe gidip birkaç odun getirmemi istiyor. Ama ben istemiyorum. Orası çok karanlık. Gitmeyeceğim, diyorum. Kızdı bana. Korkarak kömürlüğe gidiyorum.

– Kömürlüğe gir Ayşe. Ne var içeride?

– Hiçbir şey göremiyorum. Çok karanlık! İçimden şarkı söylüyorum korkum geçsin diye ama geçmiyor. Kalbim deli gibi atıyor. Işık nerede? Bulamıyorum!

– Ayşe... Şimdi, bugün, buradaki 37 yaşındaki Ayşe. Git ve küçük Ayşe'ye yardım et. Onun için 'ışığı aç'. (Ayşe'nin yüzü gergin hareketler yapar. Kaşları çatılır. Dudakları oynar. Sonra yüz kasları yavaşça gevşemeye başlar)

– Neler oldu Ayşe, anlat bana.

– Işığı açtım.

– Küçük Ayşe ne görüyor?

– Odun ve kömür var.

– Başka?

– Başka bir şey yok. Sadece odun ve kömür.

– O zaman küçük Ayşe'ye korkacak bir şey olmadığını söylemek ister misin?

– Evet. 'Sadece odun ve kömür var Ayşe. Sen de gördün. Korkacak bir şey yok.'

– Şimdi, eğer sen de istersen, küçük Ayşe'ye ihtiyacı olduğunda onun için orada olacağına dair söz verebilirsin. Bunu yapmak ister misin?

– (Ayşe ağlayarak) Evet.

– Benden sonra tekrar et Ayşe:

'Ne zaman bana ihtiyacın olursa, senin için burada olacağım ve sana yardım edeceğim.'

Bu diyalogdaki şu cümle bence çok önemli: *'Işığı aç!'*

Çocukluk dönemi, hayatı farklı bir noktadan gördüğümüz, olaylardan farklı anlamlar çıkardığımız, daha korumasız ve savunmasız olduğumuz bir dönemdir. Bu dönemde yaşadıklarımız bazen sadece birer yanılsamadır. Zira muhakeme yeteneğimiz bir yetişkin gibi gelişkin değildir.

Bu nedenle çocukluk hatıralarımızı bugün, şimdi ve burada yeniden değerlendirmek önemlidir. Çocuk halimizi acıtan bir olay, belki de o kadar büyük ve yıkıcı değildir. Belki sadece *ışığı yakarak* atlatabileceğimiz bir duygu yoğunluğunu yıllar boyu içimizde çığ gibi büyüterek taşımışızdır. Belki üzerimize alınmış, duygu dünyamıza gereksiz bir çizik atmışızdır.

Bir örnekle açıklamak gerekirse... Mesela eşinizle tartıştığınızı düşünün. Karıkoca olarak yaşanabilecek doğal, olağan bir süreç bu. Çocuklarınız bu ânı sizinle deneyimlemiş olsunlar. Siz iki yetişkin belki sesinizi yükselterek, hararetli bir tartışma içindeyken neler hissedersiniz? Bir düşünün. Olayın önemine göre tartışma uzayabilir. Belki de önemli bir konu değildir ve siz tartışmanın hemen ardından normal duygu durumunuza dönebilirsiniz. Peki ya çocuklar? Siz tartışırken onlar ne gördüler? Ne duydular? Neler hissettiler?

Yapılan araştırmalar, karıkoca tartışmalarının çocukları karıkocanın kendisinden çok daha fazla etkilediğini söylüyor. Çünkü siz yetişkinsiniz ve olayın sizin için bir bağlamı var. Ama çocuklar sebebin ve sonucun ne olduğunu bilmedikleri bir süreç yaşıyorlar. Belki o an akıllarında, 'Annemle babam boşanacak mı? Ben yemeğimi yemedim diye mi tartışıyorlar? Uslu olsam kavga etmezlerdi. Hep benim yüzümden' gibi onlarca düşünce, buna bağlı olarak içlerinde korku, kaygı, suçluluk, utanç gibi farklı duygular beliriyor olabilir. Oysa çoğu zaman konu çocuklarla ilgili bile değildir.

Çocukluk çağının bu egosantrik düşünce yapısı, çocuğun olayı ya da olayları kendisi yüzünden çıkmış olarak yorumlamasına neden olur. Bu yüzden çocuk Ayşe'nin bir olayı yorumlaması ve anlamlandırması ile yetişkin Ayşe'nin aynı olayı yorumlayıp anlamlandırması bir değildir. Ve olayları gerçekçi bir perspektiften görebilmek için şimdi ve şu anda 'ışığı yakmak' gerekir.

OLAYLARI BIRAK, DUYGULARA BAK!

Kıymetli hocam Prof. Dr. Nevzat Tarhan'ın çok sevdiğim bir sözü var. Der ki, 'Bizim işimiz olayları konuşmak değil, duyguları konuşmak.' Bu çok doğru bir yaklaşım. Zira aynı olay farklı kişilere çok farklı duygular hissettirebilir. Bir kişi hastalığa zahmet olarak bakarken, diğer kişi inancı gereği günahlarının döküldüğünü düşünüp hastalık sürecini 'rahmet' olarak okuyabilir. Ölüm herkes için acı verici ve hüzün dolu bir yas dönemiymiş gibi düşünülürken, biri çıkıp ölüm için 'Şeb'i arus' (düğün gecesi) der ve ölüme dair bakış açımızı yerle bir edebilir. Olaylar bir olsa da, diyebiliriz ki kişi sayısınca algı, düşünce, bakış açısı ve duygu vardır.

Bu bilgi bizim için oldukça önemlidir çünkü geçmişe dair okumalar yaparken yine olaylardan ziyade, olaylar bağlamında hissettiğimiz duyguları konuşmak, o duyguları fark etmek ve iyileşmek için olaylarla değil duygularla çalışmak gerekecek.

Burada müsaadenizle bir 'genetik' penceresi açalım. 17. yüzyılın önemli filozoflarından biri olan John Locke, insanın boş bir levha olarak dünyaya geldiğini ve deneyimleri sonucu bu levhanın dolduğunu ileri sürdü. Bu tanımına 'Tabula Rasa' (boş levha) adını veren Locke'un görüşü 1960'lara kadar psikolojide hâkim olan düşünceydi. Sonra devreye genetik bilimi girdi ve bize insanın sadece çevrenin etkilerine verdiği cevaplardan oluşmadığını, nitekim aynı çevre şartlarının farklı insanlarda farklı etkilere sebep olabileceğini söyledi. Bunun sebebini de epigenetikle açıkladı.

Epigenetik, DNA dizisindeki değişikliklerden kaynaklanmayan ama aynı zamanda irsi olan *-yani nesilden nesle aktarılan-* durumları inceleyen bilim dalının ismi. Bizim psikolojide mizaç dediğimiz, din psikolojisinde fıtrat olarak tanımlanan bireye özgü karakter yapısı da epigenetiğin konusu. Nitekim yapılan çalışmaların sonucundan yola çıkarak söyleyebiliyoruz ki, annemizin davranışlarının bize olan etkisinin ne olacağını sadece o davranışın kendisi belirlemiyor. Burada mizacımızın etkisi de oldukça büyük.

Örneğin, aynı ailede doğup büyümüş iki kardeş düşünelim. Anneleri mükemmeliyetçi bir yapıda olsun. Kardeşlerden biri mizacen başarı odaklı, başarmayı seven, motivasyonunu başarıyla besleyen; diğeri ise mizacen rahat, geniş, barışçıl, ertelemeyi seven bir tabiatta olsun. Annenin mükemmeliyetçiliği muhtemeldir ki iki kardeşin sağlıklı gelişiminde de sıkıntılara neden olabilecekken, yine muhtemelen mizacı başarıya güdülü olan kardeş annesinin bu tutumundan daha fazla zarar görecektir çünkü başarılı olduğunu duymaya, kardeşinden daha çok ihtiyacı vardır. Ve mükemmeli arayan bir anne muhakkak bir kusur bulacak ve eleştirel bir dil kullanacaktır. Diğer kardeşin anneye uyumlanması *-ya da en azından annenin tutumlarını en az hasarla atlatması-* rahat ve barışçıl mizacı sayesinde daha olası bir ihtimaldir.

Farklı bir örnekte duygusal ihmale uğrayan iki kardeş düşünelim. Anneleri alekstimi olsun, yani duygu körlüğü yaşıyor olsun. Çocuklarına karşı soğuk ve mesafeli bir anne hayal edelim. Bu iki kardeş her çocuk gibi büyürken yakın ilişkiye, temasa, sıcak bir sevgi ortamına muhtaçlar ama bunu annelerinden alamıyorlar. Kardeşlerden biri dışa dönük, diğeri içe dönük olsun. Annenin aleksitimik tutumları içedönük kardeş için daha büyük bir risk faktörüdür. Nitekim dışadönük kardeş annesinden alamadığı yakın ilişki ihtiyacını rahatlıkla kurduğu sosyal çevresiyle giderebilecekken, içedönük kardeş ihtimaldir ki ihtiyaçlarını içine ekecek, bir patoloji ağacına dönüşene dek kök salmasına izin verecektir.

Bu örneklerde görüldüğü gibi aynı annenin uyguladığı aynı davranışlar aynı ailede büyüyen farklı çocuklarda farklı izler bırakabilmektedir.

Bu nedenle geçmişe dair bir 'yüzleşme' penceresi açtığımızda bugün yaşadığımız problemlerin tek müsebbibi olarak annemizin ebeveynlik tutumunu görüyorsak haksızlık yapıyoruz demektir. Zira bizi biz yapan pek çok bileşen vardır. Annemizle olan ilişkimiz ise, o bileşenleri bir arada tutan güçlü bir tutkal gibidir.

3. BÖLÜM:

NE OLDU SANA KÜÇÜK KIZ?

Bu bölümde
çocukluk travmalarımızı fark etmeye,
anlamaya ve acılarımızı görüp,
içimizden akıp gitmelerine yol açmaya çalışacağız.

Çünkü duygular önce misafirimiz olurlar,
eğer onları iyi ağırlarsak vakti geldiğinde
yanımızdan ayrılırlar.

GEÇMİŞ NEDEN GEÇMEZ?

'Yaralarımız ışığın içeri girdiği yerdir.'
Mevlâna Celaleddin Rûmi

Türkçe derslerinde geçmişe dair iki temel zaman kipi öğrendik: '-di'li geçmiş zaman ve -miş'li geçmiş zaman'. Bu kipler bize 'gördüğümüz ve rivayet edilen zamanlar' olarak anlatıldı. 'Bir olay geçmişte olduysa ve sen bunu kesin biliyorsan -di'li geçmiş zaman kullanılır. Eğer olayı başkası yaşamış ve sen bunu aktarıyorsan ya da olay masal, hikâye gibi gerçek dışı bir kurgu taşıyorsa -miş'li geçmiş zaman kullanılır' denildi. Fakat bilinmeyen bir şey vardı. Olaylar ister -di'li olsun, ister -miş'li olsun, geçmiş zaman olarak kalmıyordu. Muhakkak bugüne, eğer bir farkındalık oluşturmaz ve üzerinde çalışmazsak da geleceğe kadar bizimle birlikte geliyordu. Artık elimizde nur topu gibi bir zaman kipi vardı: '-hiç'li geçmeyen zaman'!

Peki neden geçmiş geçmişte kalmıyor? Ne oluyor da geçmişin izleri sanki daha bu sabah yaşanmış kadar taze kalabiliyor? Hatta eş seçimimi, iş seçimimi, arkadaş tercihlerimi dahi etkileyebiliyor?

Tam bu noktada travmalardan bahsetmeyi önemli görüyorum. Nitekim canımızı sıkan her olay travmatik bir etki oluşturur mu, travmasız bir hayat mümkün müdür? İşin aslı şu: Travma dediğimiz şey neden var sanırım anlamamız gerek.

Travmayı tarif ederken kalp ritim monitörü teşbihini seviyorum. Hastanede ritim monitörlerinden birine bağlı olduğunuzu düşünün. İbre simetrik bir biçimde aşağı yukarı hareket ederek kalp atımlarınızı yazar. Hayat genellikle ritmik kalp atımları şeklinde, yani 'rutin' olarak devam eder. Lakin bazı zamanlarda çok yoğun duygu durumları yaşadığımız olaylar olur. İbre birden tavana vurur. Şimdi gözünüzün önüne EKG'de verilen kalp atım çizelgelerinden birini getirin. Birkaç dakika gayet rutin çizgi aşağı yukarı yazmaya devam etmiş olsun. Sonra bir noktada çizgi kâğıdın en üstüne değecek bir üçgen oluşturmuş görünüyor. İşte bu noktaya travma diyoruz. Olumlu ya da olumsuz, normalin çok üstünde duygu durumları ortaya çıkaran olaylar travmatik yaşantılardır.

Travmalar bazen etkisi çok güçlü tek bir olay sonucu ortaya çıkarlar. Deprem, savaş, çığ, yangın gibi olaylar ya da tecavüz, gasp edilme, şiddet görme, kaza geçirme tarzı travmatik yaşantılar buna örnektir. Yine küçük bir çocuk için ani bir ses, bir ışık, yabancı bir yüz travmatik etki oluşturabilecektir. Bazen de uzun zaman boyunca devam eden olaylar derin travmalar oluşturur. Mesela bir kere tecavüze uğramak büyük bir travmadır, eğer bu tecavüz sistematik bir biçimde uzun zaman sürdüyse çok daha derin ve kalıcı izler bırakacaktır. Şiddet büyük bir travmadır. Bununla birlikte bir çocuğun annesinden çok sinirlendiği bir anda kendini tutamayıp tek bir tokat yediği travmatik bir yaşantı, aynı annenin çocuğuna sistemli bir biçimde her kızdığında şiddet uygulamasından daha az zarar verici olur. Bir de 'el' değil 'dil' yarasından oluşan travmalar vardır. Mükemmeliyetçi bir anne düşünelim. Çocuğundan hep en iyiyi bekliyor ve 'en iyi' tanımını kendi doğrularına göre belirliyor olsun. Her kendi beklentisinin altında kaldığında çocuğu eleştiriyor, beceriksizlikle suçluyor, 'Gel bak da nasıl yapılıyor öğren!', 'Sen yapacaksın da ben göreceğim!', 'Ben senin yaşındayken...' gibi cümleler kuruyorsa, çocuğun maruz kaldığı bu sistemli aşağılanma hali zaman içinde travmatik bir yaşantı oluşturacaktır. Bu bağlamda aynı dayak, taciz, tecavüz gibi aşağılama, yıkıcı eleştiri dili kullanma, utandırma, bağırma, yok sayma, alay etme gibi tutumlar da travma oluşturan risk faktörleridir.

Dolayısıyla ilk sorunun cevabı olarak diyebiliriz ki, canımızı sıkan her olay travma değildir. Bir olayın travma olarak adlandırılabilmesi için kişide taşıyabileceğinden büyük duygu durumları oluşturması ve yaşam kalitesine etki edecek otomatik pilotlar ortaya çıkarması gerekir. Bu nedenle olayın travma olup olmaması olayın kendisine değil, kişide oluşturduğu etkiye bağlıdır. Örneğin deprem herkesi etkiler. Ama bu etki kimilerinde travmatik bir yaşantıya dönüşmeyebilir. Kimileri içinse yaşanan bir deprem belki etkileri ömür boyu canlı kalacak bir travma oluşturabilir.

Peki, travmasız bir yaşam mümkün müdür? Aslında değildir. Nitekim bilim insanları insanın yaşadığı ilk travmanın 'doğum' olduğunu söylerler. Sıcak, güvenli, açlığın ve susuzluğun olmadığı anne karnından soğuk, güvensiz, açlık, tuvalet, uyku gibi pek çok biyolojik ihtiyacın ve sevilmek, sayılmak, değer görmek gibi birçok psikolojik ihtiyacın ıstırabını yaşayacağımız bir dünyaya doğuyor olmak küçük bir bebek için travmatik bir durumdur hakikaten. Hepimiz doğduğumuza göre, hepimiz en az bir travma yaşadık demektir. Tabii orada kalmadık da. Şu yaşımıza kadar yaşadığımız kayıplar, korkular, suçlamalar, eleştiriler, doğal afetler, aldatılmalar, hüzünler...bazen büyük bazen küçük travmalar olarak bahtımıza yazıldı.

Asıl can alıcı soruya gelecek olursak... Peki bu travmatik yaşantılar neden var? Olmasa daha iyi olmaz mıydı?

Psikoloji bilimi çerçevesinden hayata bakarken yaratılış hikmetlerini okumayı çok seviyorum. Bence olayların zahiri nedenlerini görmek kadar ardındaki hikmeti hissedebilmek de insanı iyileştiriyor. Yüce Mevla'nın hayrın içindeki şerre ve şerrin içindeki hayra vurgu yapıyor olması (2/216) bize en ağır travmalarda dahi tekâmül yolculuğumuzu destekleyecek, karakterimizi güçlendirecek ve bizi yarınlara daha sağlam bir şekilde taşıyacak hikmetler olduğunu gösteren en kesin kanıtlardan biri. Çünkü *-kıymetli dostum, aile dizilimi terapisti Nevin Nesrin Soysal'ın Mutluluk Atölyesi kitabında dediği gibi-* bu dünyaya 'mutlu olmak' için gelmedik, 'tekâmül etmek' için geldik. Kömürün yoğun basınç altında elmasa dönüşmesi misali, yaşadığımız sıkıntılar da bizi geliştiren, dönüştüren, elmas gibi parlatan bir etki oluşturur.

Yeri geldikçe ailelerle şu bilgiyi paylaşıyorum. Tarih boyunca yaşanmış bildiğim en travmatik öykülerden biri, güzel Peygamberimizin (sav) öyküsü. Anne karnındayken babanın kaybı, ceninin maruz kaldığı yoğun yas ve hüzün, doğar doğmaz evden uzaklaşma, sütanneye verilmek, tam sütanneye alışmışken oradan ayrılıp eve geri dönmek, anneyle buluşmanın akabinde öksüz kalmak, dedenin himayesine girdikten kısa süre sonra dedeyi, amcanın yanında kalırken amcayı kaybetmek... Bir çocuk için oldukça büyük travmatik yaşantılar olmalı. Paranın kutsandığı bir dönemde fakir olmak, edebiyatın önemsendiği bir çağda ümmi olmak, yani toplumun dezavantajlı kesiminde bulunmak da cabası. Güzel Peygamberimizin (sav) nübüvvetinden sonraki yıllarda yaşadığı kayıplar, yokluk, açlık, alay edilme, hor görülme, yurdundan kovulma gibi pek çok olay yine bir insan için taşıması zor deneyimler olsa gerek. Fakat belki de güzeller güzeli Peygamberimizi (sav) bir elmas gibi parlatan şey, bu olaylardan kabul ederek, deneyimleyerek, duygularını serbest bırakarak kazandığı deneyim ve güçte gizliydi.

Bu bağlamda yaşadığımız olaylara belki de Mevlâna Hazretleri'nin 'Hallac halıyı dövmek için değil, tozunu almak için vurur' sözünde kast ettiği pencereden bakmamız gerek. Olayları bize rağmen, kasten, bizi acıtmak için vuku bulan 'düşmanlar' olarak değil, acı verseler de muhakkak olgunlaşmamıza yol olan 'dost' birer deneyim gibi görmek oldukça önemli...

Hepimiz kaslı, şekilli, kondisyonu sağlam bir bedene sahip olmak isteriz. Bunun için de spor yapmamız gerekir. Kaslarımız çalıştığı ölçüde vücudumuz sağlıklı ve şekilli olur. Ağır hareketler yaparken kaslarda oluşan derin acıyı bilirsiniz. İşte o acı kasın şekillenmesinin ve güçlenmesinin bedelidir. Astral bedenimizin de psikolojik kasları vardır. Yaşadığımız her zahmetli olay psikolojik kaslarımızı çalıştırır, güçlendirir. Bu sırada canımız acır elbette. Lakin eğer izin verir ve yönetmeyi bilirsek 'geçmişin acıları' sadece 'geçmişin anıları' olarak kalır. Acılar bugünümüze taşınmadığı gibi, olayların bize kattığı güç ve dayanıklılık bizi daha sağlıklı bir geleceğe taşımış olur.

O zaman şimdi gelin yaralarımızın üstündeki kabuğu kaldırıp altındaki iltihaplı irinin akmasına izin verelim çünkü bir yaranın iyileşmesi için önce iltihabının tamamen kuruduğundan emin olmamız gerek. Biliyorum, geçmişle yüzleşmek çoğu zaman kanatır, acıtır ve yaraları açığa çıkarır. Ama doğru bakış açıları ve doğru anlamlandırmalarla kanayan yaralarımıza merhem sürebilmek ve *-hemen bir günde değilse de-* bir süre içinde yaralarımızı iyi edebilmek için o kabukları kaldırmamız gerekir. Ve mutlulukla söyleyebilirim ki, değişim mümkündür.

Bu yüzden kitap boyunca çocuk dünyamızda yaralar açan şiddet, sevgisizlik, ihmal, istismar gibi konu başlıklarını işlerken hep aynı şeyi söyleyeceğim;

'Çocukken ne yaşadıysan yaşamış ol, ne kadar çok yaran olursa olsun ve canın ne denli acımış olursa olsun... tüm bu yaraları ve acıları yüreğinin ortasına saplanmış kırık bir broş gibi taşımaya ve bir miras gibi çocuğuna aktarmaya mahkûm değilsin.

İyileşebilir ve değişebilirsin.

Çünkü unutma ki,
SEN ANNEN DEĞİLSİN!'

İLK YARANIN KABUĞUNU KALDIRALIM: 'FİZİKSEL İSTİSMAR'

Çocukluk yıllarında karşımıza çıkan travmatik yaşantılardan pek çoğu fiziksel şiddet içerir. Fiziksel şiddet o kadar geniş bir yelpazede tanımlanır ki, ağır işkenceler yapmaktan tokat atmaya, çimdiklemekten saç çekmeye, bir cisimle yapılan can acıtıcı tüm müdahalelere (ütü veya sigara ile yakmak, terlikle dövmek, kemerle vurmak, sert bir cisimle darp etmek vb.) ve el, ayak, kafa kullanılarak uygulanan tüm sert temaslara (yumruk, tekme, yerlerde sürükleme vb.) kadar pek çok davranış fiziksel şiddet kapsamına girer.

En genel tanımıyla, acı vermek niyetiyle yapılan ve çocuğun bedenine zarar veren her türlü fiziksel temas şiddettir.

Bir anne çocuğuna tokat attığında bunu onun iyiliği için yaptığını iddia edebilir. Belki siz de çocukluğunuzda adam edilmek, yola getirilmek, disipline edilmek *-yani daha iyi bir insan olmanız-* niyetiyle dayak yediniz. Lakin yapılan yüzlerce bilimsel araştırma sonucu göstermektedir ki, şiddet kesinlikle çocuğa iyi gelmez. Bilakis insanın içinde var olan vicdan, merhamet, empati gibi duyguların körelmesine neden olarak onun 'iyi insan' olma yolculuğuna halel getirecek etkiler oluşturur. Eğer bugün çocukluğunda dayak yemiş bir anne olarak kendinizi çocuğunuza karşı tahammülsüz, sabırsız ya da öfkeli görüyorsanız bunun en önemli nedeni çocuk ruhunuzun ebeveyninden gördüğü şiddet davranışlarıdır. Bu kesindir.

Adına Ayşe diyeceğim danışanım kırklı yaşlarında, kariyer sahibi, üç çocuğu olan bir kadındı. İlk buluşmamızda üzerindeki pahalı döpiyesi, takıları ve özgüvenli tavırlarıyla gayet soğukkanlı görünüyordu. Bir danışmana ihtiyaç duyma sebebini sorduğumda çocuklarına karşı çok sabırsız olduğunu, öfkesini bir türlü kontrol edemediğini ve hiç istemese de zaman zaman şiddet gösterdiğini anlattı.

Gözlerini kapatıp çocuğuna şiddet gösterdiği bir ânı zihninde canlandırmasını istedim. O sırada çocuğun ne yapıp onu öfkelendirdiğini sordum. 'Boyalarıyla masayı boyamış. Ona kaç kere önce örtü sermesi gerektiği söyledim. Beni dinlemiyor! Bi türlü sözümü dinlemiyor!' dedi. 'Bir anne olarak sözünüzün dinlenmesini istiyorsunuz,' dedim. 'Evet, tabii ki' dedi. 'Haklısınız,' dedim. 'Peki, sonra ne oluyor' diye sordum. 'Kendinize bakın, öfkeli Ayşe çocuğuna ne yapıyor?' 'Bağırıyorum,' dedi. 'Üzerine yürüyorum. Bir yandan 'Sözümü dinleyeceksin!' diye bağırıyorum çocuğuma.' 'Şimdi çocuğunuza bakın,' dedim. Yüzüne bakın. Nasıl gözüküyor? Gözlerine, dudaklarına, vücuduna bakın. Neler görüyorsunuz?' 'Korkmuş,' dedi. 'Gözleri dolu dolu. Dudakları aşağı bükülmüş, ağladı ağlayacak. Bedeni ufaldıkça ufalmış sanki.' 'Çocuğunuzun ismi ne,' diye sordum. 'Mehtap,' dedi. 'Lütfen o korkmuş, annesi karşısında ürkmüş, küçüldükçe küçülmüş, ağlamak üzere olan çocuğun gözlerine bi daha bakın. O Mehtap mı,' diye sordum. Gözlerini açıp şaşırmış bir tavırla 'Nasıl yani?' dedi. 'Tabii ki o! Kim olacak ki başka?' 'Gözlerini kapat Ayşe,' dedim. 'O küçük kıza bak, iyi bak. Annesinden korkmuş, sığınmak için yer arayan, içi korku dolu çocuk kim?' 'Mehtap,' dedi. 'Emin misin' diye sordum. Uzun bir sessizlik oldu. Ayşe, dudaklarını kemirerek kapalı gözlerinin altından gözlerini kısıp sağa sola oynatıyordu. Bir şeyi görmeye çalışıyor ya da gördüğü şeyi kelimelere dökmemek için dudaklarını ısırıp kapamaya çalışıyor gibiydi. 'Kim o Ayşe,' dedim. Durdu... 'Benim,' dedi. 'O küçük kız Ayşe!'

Atölyelerde, danışmanlık odalarında, seanslarda yaşanan bu diyaloglar aslında kendi iç dünyamızda, kendimize dair geliştirebileceğimiz farkındalıklar oluşturmamızı sağlar. Buna içgörü denir. Yaralarımıza dair içgörü geliştirmek, acıyı akıtmak için ilk adımdır. Ayşe, çocuğuna gösterdiği tavrın çocuğunun yaptıklarıyla doğru orantılı olmadığının farkındaydı. Bir çocuğun masayı boyaması bir anneyi bu derece çileden çıkarmamalıydı. Masa dediğin silerdin ve geçerdi. Onu tetikleyen başka bir şeydi.

İlerleyen zamanlarda Ayşe ile çocukluğuna doğru bir yolculuğa çıktık. Annesinin tabiriyle 'hayırsız' bir babası vardı. Kazandığı üç kuruş memur maaşını içki sofralarında çarçur ediyordu. Ailesinin iaşesini umursamıyor gibiydi, zira bağımlılıkları güzünü de gönlünü de perdelemişti. Ayşe'nin annesi dikiş dikerek Ayşe'ye ve ablasına bakmaya çalışıyordu. Bu gerçekten zor bir durumdu. Bir yandan hayırsız bir eşin duygusal yükleri, diğer taraftan bakmakla yükümlü olunan iki kız çocuğu, bir diğer taraftan gece gündüz demeden birkaç kuruş için çalışmak, didinmek, uğraşmak... Kolay değildi. Buraya kadar annesinin durumu Ayşe için anlaşılabilir, empati kurulabilir bir haldi. Lakin işin içine şiddet girince anne-kız arasında kurulması murat edilen tüm sevgi bağı inciniyor, hatta kopma noktasına geliyordu.

Gözleri dolarak anlattı Ayşe:

'7-8 yaşlarındayım. Bir sabah erkenden uyanmıştım. Baktım annem uyuyor. Babam sabaha karşı sarhoş gelmiş eve, sızmış kalmış. Kahvaltıyı hazırlayıp anneme yardım etmek istedim. Çok yorulduğunu görüyordum. Zaten görmesem ne olacak, bunu hep söylerdi annem. 'Bezdim bu hayattan! Bıktım işten güçten! Ölsem de kurtulsam!' derdi sık sık. Mutfağa gittim. Dolabı açtım, 4 tane yumurta vardı ulaşabildiğim raflarda. Elime sıralamaya çalıştım hepsini. Akıllı kafam, tek tek taşısana! Yok, hepsini alacağım illaki. Haliyle 4 yumurtanın 3'ü yere düşüp kırıldı. O an içime akan korkuyu anlatamam...' dedi ve durdu.

'Ne korkusuydu bu,' diye sordum.

'Dayak,' dedi.

'Peki sonra ne oldu,' dedim.

"Ne olsun," dedi, "yumurtalara uzandığıma pişman edecek kadar dövdü beni. Biliyor musunuz," diye ekledi. 'Hâlâ yumurta yiyemiyorum ben!'

Fiziksel şiddet çocuk için inciticidir. Bunun temel nedeni ise, sanıldığının aksine vücutta oluşan ağrı değildir. Kalpte oluşan ağrıdır. Nitekim çocukluğun en önemli işaretlerinden biri anne-babayı mutlak doğru kabul etmektir. Anne ne yapıyorsa, baba ne söylüyorsa çocuk için doğrudur. Fiziksel şiddet gören bir çocuk, bu can yakan tutumları hak ettiğini düşünür. Sadece annesinin stresini kontrol edememesi, öfkesini yönetememesi, iletişim kabiliyetinin eksik oluşu nedeniyle böyle bir muameleye maruz kalıyor olabilecekken, çocuk için şiddet görmek demek, 'Ben böylesi kötü bir muameleyi hak edecek kadar kötü biriyim' demektir. İşte dayak yiyen çocuğu inciten şey de budur. Kendi hakkında edindiği bu değersizlik ve suçluluk inancıdır.

Peki bir anne-baba, yani gerektiğinde yemeyip yedirmeye, giymeyip giydirmeye, çocuğu için en iyisini yapmaya gönüllü olan bu insanlar neden çocuklarını döver? Neden çocuğunun canını yakmak ister? Fiziksel şiddetin psikolojik alt yapısında ne vardır?

Fiziksel şiddet davranışları, bazen sadece çocuğun ebeveyninden öğrendiği bir problem çözme biçimi olarak karşımıza çıkar. Basitçe, çocuk hata yaptığında dayak yemiştir ve hatanın karşılığının dayak olması gerektiğini öğrenmiştir. Ya da bazen öfkesini kontrol etmeyi ebeveyninden öğrenememiş, duygularını ifade etmeyi bilmeyen, bu nedenle yoğun duygu durumları yaşadığında bunu yıkıcı tutumlarla ifade eden yetişkinler görürüz. Bu iki durum psiko-eğitimle düzeltilebilecek, nispeten kolay süreçlerdir.

Lakin Ayşe'nin hikâyesinde durum farklıydı. Ayşe'nin annesi, önce kendi annesiyle kurduğu ilişkide, sonrasında evliliğinde oluşmuş düşük benlik saygısını güçlendirmek için şiddete başvurmaktaydı. Nitekim şiddetin psikolojik alt yapısında karşımıza en sık çıkan durumdur bu. Benlik saygısı düşük bireyler içten içe acı çekerler. Kendilerini güçlü hissedebilmek içinse güçsüz gördükleri kişilere şiddet uygularlar. Yaşlılar, çocuklar, hayvanlar ya da doğa bu zorbalıktan en çok nasibini alan 'güçsüz' gruplardır.

Zorba kişiler güçsüz gördükleri kişileri yakınlarında isterler. Genellikle şiddet eğilimi olan erkeklerin 'silik' tabiatlı kadınları eş olarak seçme nedeni budur. Benzer biçimde eşinden zorbalık gören kadınların çoğu, eksilen özsaygılarını onarmak için çocuklarına şiddet uyguladıkları gerçeğiyle karşımıza çıkarlar. Bu yüzden şiddet gören kişinin derin yaraları vardır. Bu durum ebeveyn-çocuk ilişkisinde yaşandığında ise durum daha vahimdir.

Anne babalar çocuklarından her açıdan büyük ve güçlüdür. Bu ilişkide uygulanan şiddet orantısız ve zorbacadır. Yetişkin ilişkisinde şiddet olduğunda bu iki yetişkin arasında yaşanan bir durumken, ebeveyn-çocuk ilişkisinde ise bir yetişkinden kendini koruyamayacak, şiddetten kaçamayacak ya da kurtulmak için çözüm üretemeyecek kadar küçük bir insana şiddet uygulanmaktadır. Niyet ne olursa olsun, bu zorbalıktır.

Feride'nin annesi o daha anne karnındayken babasından ayrılmıştı. Başka biriyle evlenmiş, evlendiği yeni kişiyi Feride'ye babası olarak anlatmıştı. Feride üvey babasını öz babası bilerek büyümüştü. Üvey babası sinirli bir adamdı. Feride'ye sık sık eften püften sebepleri bahane ederek şiddet gösteriyor, en çok kulaklarından tutup sarsarak dayak atıyordu. Yıllar sonra Feride ve eşi bir terapi odasında bu olaylarla yüzleşirken, Feride'nin eşi Rauf irkilerek Feride'ye sarıldı. Neden birden eşine sarıldığını soran terapiste şunları söyledi:

'Gece yatağa yattığımızda Feride hep kulaklarını okşamamı ister. Sebebini hiç anlatmamıştı. Demek ki karım çocukluk acılarını iyileştirmeye çalışıyormuş...'

Şiddet, şiddet gören kişiyi 'kurban' rolüne sokar. Çocukluğunda 'kurban' rolüne girmiş insanlar yetişkinlik yıllarında da çoğunlukla bu rolü devam ettirmelerini sağlayacak kişilerle ilişki kurarlar. Kendilerine zulmeden bir eş, bir patron ya da sınırsız yetiştirilip anne otoritesini saymayan zorba çocuklar bu döngünün devamı için birer piyon gibidir.

Ayşe'nin öyküsünde bu döngü açıkça görülmekteydi. Ayşe, bir yandan çocukluğunda yitirdiği özsaygısını geri kazanmak için çocuklarına şiddet uygularken, bir yandan da şiddet gören çocuklarının yaşları büyüdükçe artan tepkiselliğinin kurbanı olmaktaydı. Kurban-zorba ilişkisinde, zorbanın kurbana ve kurbanın zorbaya dönüştüğü çirkin bir kısırdöngü vardır.

Şiddetin en kötü yönlerinden biri, şiddet döngüsünün devam edecek olmasıdır. Nitekim insan için alıştığı, güvenli olandır. Aslında bu cümle hayatımızda tekrar eden pek çok olayı açıklar nitelikte. Çocukluğunda şiddet görmüş bir kurban, her ne kadar ağzıyla bundan şikâyetçi olsa da otomatik pilotu onu diğer bütün ilişkilerinde benzer bir döngüye girmesi için harekete geçirir çünkü bu döngü onun bildiği, aşina olduğu, içinde büyüdüğü döngüdür. Babasının gösterdiği şiddetten şikâyet ettiği halde aynı babası gibi biriyle evlenen, alkolik babasından kaçıp alkolik bir koca bulan ya da annesi gibi bir anne olmayacağını haykırıp aynı annesi gibi ebeveynlik yapmaya başlayan kişilerin yaşadığı şey tam da budur.

Bazen de çocuk şiddet gören kişi değil, şiddete şahit olan kişidir. Bu durum da çocuk için en az şiddet görmek kadar travmatize edicidir. Annesi, babası tarafından sıklıkla şiddet gören küçük bir kız çocuğunun çizdiği aile resmini görmüştüm. Babasının ellerini ve ağzını çizmemişti. Nedeni sorulduğunda 'Anneme küfür edip dövmesin diye çizmedim' demişti. Aynı resimde kız çocuğunun kendisi orantısız bir halde ufacıktı. Adeta babasının öfkesine görünmek istememiş, ortalarda olmazsa zarar görmeyeceği düşüncesini resminde kendini görünmeyecek kadar küçük çizerek göstermişti. Her an dayak yiyecek olma korkusu! Korunmak için görünmez olma isteği! Küçük bir çocuk için nasıl büyük bir stres ve kaygı oluşturur varın siz düşünün!

Neyse ki, ne yaşarsak yaşayalım iyileşmek her zaman mümkündür. Tüm bu satırlar, konuyla ilgili içgörü geliştirelim ve otomatik pilottan çıkıp uçağın direksiyonunu elimize alabilelim diyedir.

Fiziksel İstismarı İyileştirme Çalışması

'Yediğin dayakların acısı artık geçti küçük kız!'

Çocuklukta görülen şiddetin en belirgin özelliği öfkeli bir yetişkine dönüşmemizdir. Kaynağını çocukluğumuzdan alan bu öfkeyi bazen çocuklarımıza, bazen gıybet ederek tanıdıklarımıza, bazen sosyal medyada tanımadığımız kişilere, bazen eşimize, bazen de kendimize yöneltiriz.

Oysa asıl kızgın olduğumuz kişiler, bize şiddet gösteren kişilerdir. Bu kişiler ister anne babamız ister öğretmenimiz ya da bir akrabamız olsun, içimizde öfke hissetmemiz doğaldır. Sonuçta bir çocuğu zarardan korumakla yükümlü kişilerin o çocuğa bizzat kendilerinin zarar vermesi kabul edilebilir ya da hoş karşılanabilir bir durum değildir.

Bu çalışmada içimizde bloke olmuş yoğun öfke duygusunu doğru kişilere, yani bize şiddet uygulayan yetişkinlere yönlendireceğiz. Merak etmeyin, annemizin karşısına geçip yüzüne karşı öfkeli olduğumuzu söyleyelim demeyeceğim çünkü inanıyorum ki, her anne çocuğu için iyi olanı ister. Ve bizlerin anneleri de kötü olalım diye kötü davranışlar sergilemediler. Lakin niyetleri ne olursa olsun şiddete dönüşen davranışları yanlıştı. Artık bu yanlışın etkilerini kabul edip üzerimizden göndermenin zamanı geldi.

- Öncelikle iki boş sandalyeyi yüzleri birbirine bakacak şekilde koyalım.
- Sandalyelerden birine kendimiz oturalım.
- Karşımızdaki sandalye boş kalsın.
- Gözümüzü kapatıp ebeveynimizin (ya da her kimden şiddet görüyorsak) bize şiddet uyguladığı bir anıyı hatırlayalım.
- Anıları hatırlamak bazen zor ve üzücü olabilir. Korkmayın, geri adım atmayın. Bunca yıl bu yarayı zaten taşıdınız. Birkaç hafta daha taşımak, sonunda iyileşmek varsa, sorun olmayacaktır.
- Anıyı tespit ettikten sonra boş sandalyede size şiddet uygulayan yetişkinin olduğunu hayal edin. Ve onunla konuşmaya başlayın. Yaşadıklarınızı, hissettiklerinizi, içinizdeki küçük kızın kırgınlıklarını ve kızgınlıklarını sansürlemeden anlatın.
- Boş sandalye tekniğini gün aşırı, her defasında bir anıyı düşünerek ve her defasında en fazla 15 dakika uygulayabilirsiniz.
- Bu teknik yoğun ve birikmiş duyguları sağaltmak için etkili bir yöntemdir.

BİR YARANIN DAHA KABUĞU KALKIYOR: 'CİNSEL İSTİSMAR'

Mesleğimin içimi kanatan en acı tarafı, sahada çalışmaya başladıkça cinsel şiddetin ne derece yaygın olduğunu görmek oldu. Hiç istemediğimiz oranlarda küçücük çocuklar bu kötü muameleye maruz kalıyor ve kötü niyetlerin mağduru oluyor.

Cinsel şiddet fizik bedene uygulandığından, aynı zamanda bir fiziksel şiddet türüdür. Onu farklı bir kategoride karşımıza çıkaran şey genital organlarla ilgili olması ve çoğunlukla acı vermek niyetinden ziyade şehvetin tatmin edilmesi motivasyonuna dayanmasıdır. Cinsel içerikli konuşmalardan anal, oral ya da vajinal penetrasyona kadar geniş bir yelpaze içinde tanımlanır. Bu davranışların en küçüğünden en büyüğüne kadar her biri çocuk için travmatize edicidir, zararlıdır, yıkıcıdır.

Eskiden oturduğum sitede çocukları parka çıkardığım günlerden biriydi. Çocuklar neşe içinde salıncakta sallanırken yanıma bir hanım oturdu. Tanıştık, sohbet etmeye başladık. Hani bazen ilk kez tanıştığınız bir insanla kısa sürede kaynaşırsınız ya, adına Melike diyeceğim o hanımla öyle kısacık bir sürede sıcak bir sohbetin içinde bulduk kendimizi. Ruh sağlığı alanında çalıştığımı öğrenen Melike, sohbetin bir noktasında, benimle bir sırrını paylaşmak istediğini söyledi. Yapabileceğim bir yardım varsa seve seve dinleyebileceğimi söyledim. 'Yardım için değil de, hiç kimseye anlatamıyorum, sanki sana anlatırsam acım hafifleyecek gibi hissettim' dedi. Sustum ve gözlerimi gözlerinden ayırmadan dinledim.

'Babam,' dedi. 'Gerçi babam bile demek istemiyorum. Bir baba, yani gerçek 'öz' bir baba evladına nasıl böyle zarar verir?' Ağlamaya başlamıştı. Gözlerinden akan acı dolu pek çok hatıra önce yanaklarına, sonra zar zor konuşan dudaklarına, oradan da kalbinin ortasına değiyordu sanki.

'Kendimi bildim bileli babamın tacizine uğruyorum. Yani uğruyordum. Çok şükür evlenip kurtuldum o evden' dedi. 'Akşam olmasın diye dua ederdim Allah'a. Çocuk aklı işte, balkona çıkıp güneşle konuşur, batmaması için yalvarırdım. Eğer batmazsa harçlığımı vereceğimi, çikolata alacağımı falan söylerdim. Ah çocuk saflığı... Beni dinlemeyip battığı için kızardım sonra güneşe. Aslında tüm bunlar olup biterken durumu fark etmeyip beni kurtarmayan anneme kızgındım.'

Cinsel şiddet çocuk için acısı ve izleri yıllara yayılan travmatik bir yaşantıdır. Aynı fiziksel şiddette olduğu gibi, cinsel şiddetin de acı verici yönü bedenin duyduğu acıdan çok ötededir. Cinsel şiddetin en yıkıcı yönü, bu kötü davranışın çocuğun yakından tanıdığı kişilerce yapılıyor oluşudur. Her ne kadar 'tacizci/tecavüzcü' denildiğinde zihnimizde pejmürde, pis görünüşlü, sokakta yaşayan insanlar canlanıyor olsa da aslında işin rengi başkadır. İstatistikler göstermektedir ki, cinsel şiddet gösteren kişilerin tamamına yakını çocuğun yakından tanıdığı biridir ve bu tanımın büyük bölümünü baba, ağabey, dayı, amca gibi en yakın akrabalar oluşturur.

İşte bu gerçek çocuk için büyük bir depremdir. Nitekim insanın ilk yaşamsal ihtiyacı 'emniyette hissetme' arayışıdır. Dünyanın güvenli bir yer olduğu algısı her birimizin daha hayatımızın ilk yıllarında kazanmaya gereksindiği önemli bir ihtiyaçtır. Bunu sağlayabilmek için de anne-babamız gibi 'ilk bakım verenlerimiz'den zarar görmememiz gerekir. Bu, bir çocuğun en önemli ihtiyacı ve doğuştan sahip olduğu değişmez hakkıdır. Bu yüzden babasından taciz gören bir çocuk dünyaya ve insanlara dair güvensiz, 'düşman' bir şema oluşturur. Öyle ya, şu hayatta babana bile güvenemiyorsan (daha da kötüsü babandan bile böyle bir zarar görüyorsan) başka kime, nasıl güvenmen mümkün olacaktır?

İkinci yıkım, çocuğun zor durumda olduğu halde bir kurtarıcısının olmamasıdır. Melike babasından zarar görmüştü. Ona zarar veren kişi babasıydı. Oysa daha sonra gerçekleştirdiğimiz iyileşme çalışmalarında en az babası kadar annesi ile ilgili de çalışmamız gerekti. Melike, annesine babasına kızdığından daha çok kızıyordu. 'Nasıl farkına varmaz? Beni nasıl kurtarmaz? Eğer farkına vardı da sustuysa, nasıl bir insan küçük bir çocuğun bu acısına kayıtsız kalır?' gibi sorularla annesine olan öfkesini her defasında ifade ediyordu. Onu yaralayan babasıydı, fakat babasına engel olamayan annesi de en az babası kadar suçluydu.

Cinsel şiddet mağduru çocuklarda pek çok şema oluşur. Bu şemaların içinde korku, acı, yas, utanç ve suçluluk birlikte yer alır. Çocuk, yaşadığı şeylerin tekrar yaşanması kadar bunun duyulacağı korkusuyla da utanç ve korku yaşar. Gözüne baktığı herkes sanki yaşananları gözünden anlayacakmış gibi ürkek ve çekimserdir. Cinsel şiddetin en büyük işareti çocuğun göz temasını kesmesidir. Çocuk hatalı bir şey yapmış gibi suçlulukla başını önüne eğer, gözlerini saklar, içe dönük davranışlar sergiler.

Yaşanan utanç ve suçluluğun iki önemli nedeni daha vardır.

Bunlardan biri, tacizcilerin çocukları olayın öğrenilmesi durumunda insanların ona inanmayacağı, onu suçlayacağı ya da hatanın onda olduğunu söyleyeceği konusundaki tehditleridir. Çocuk bir yanlışın içinde olduğunu bilir ama o yanlışı durduracak gücü gösteremez. Bu yüzden kendini o yanlışın bir parçası, göz yumanı olarak hisseder. Bu davranışı hak edecek, teşvik edecek ve durduramayacak kadar pis ve günahkârdır artık.

İkinci neden ise çocuğun alabileceği muhtemel zevktir. 30 yaşında, evli, iki çocuk annesi bir danışanım (adına Hümeyra diyelim) çocukluğunda uzunca bir süre kendinden 8 yaş büyük ağabeyi tarafından taciz edilmişti. Ailesinde büyük duygusal boşluklar yaşayan Hümeyra, ağabeyinin bu dokunuşlarından keyif alıyordu. Bu yüzden daha derin bir utanç ve suçluluk duyuyordu. Yaşadığı ambivalans duyguları 'Ağabeyim bana dokundukça sanki anne babamın okşamadığı saçım, sıvazlamadığı sırtım, sarılmadığı bedenim tatmin oluyor gibi hissediyordum.

Bu yanlıştı biliyordum, ama bir yandan son bulmasını da istemiyor, bu yüzden karşı koymuyordum. İşte böyle pis ve kötü bir çocuktum ben' cümleleriyle ifade etmişti.

Burada iki konuyu konuşmayı önemli buluyorum. Birincisi, Hümeyra'nın şu ifadesi: 'Ağabeyim bana dokundukça sanki anne babamın okşamadığı saçım, sıvazlamadığı sırtım, sarılmadığı bedenim tatmin oluyor gibi hissediyordum.' Bu cümle aileler için çok önemli bir gerçeği karşımıza koyuyor. Çocukluk ve gençlik döneminde karşımıza çıkan cinsel davranışlar çoğu zaman tatmin edilmemiş bir duygu dünyasının sonucudur. Annenin şefkatle dokunmadığı bir çocuk, kötü niyetli bir mahlukun şehvetli dokunuşlarına daha açık hale gelir. Aynı ekmek bulamayan kişinin açlıktan ölmemek için ekmek kırıntılarına razı olması gibi, hayatında ihtiyaç duyduğu 'iyi dokunuş'a sahip olamayan çocuklar 'kötü dokunuşlar' için açık hedef olmaktadır.

İkinci konu ise, bu kötü dokunuşların haz verme meselesidir. Genital organlar bedenin erotojenik bölgeleridir. Yapısındaki yoğun sinir uçları nedeniyle temasa duyarlı bölgelerdir. Bu nedenle bu bölgelere dokunulduğunda uyarılması, haz alınması bedenimizin doğal bir tepkisidir. Beden, yanlışa ya da doğruya değil yaratılış programına duyarlıdır. Nasıl ki biri karşımızda limon yediğinde bu durum tükürük bezlerimizi harekete geçiriyorsa, genital organlara dokunulduğunda bu organlara bağlı salgı bezlerinin harekete geçmesi o denli fıtridir. Bunu yaşayan bir çocuk o olaydan hoşlanıyor değildir, sadece fıtri olarak tepki veren bir bedene sahiptir. Bu nedenle çocukluğunda böylesi bir muameleye maruz kalmış bir çocuk kendini kirli, pis ya da günahkâr hissetmemelidir. Nitekim o hiçbir yönüyle olayın aktörü değildir, yalnızca kötü bir mağduriyet yaşayan küçük bir çocuktur.

Tacizciler, aynı şiddet gösteren diğer insanların genel durumlarında olduğu gibi güç göstererek güç kazanmaya çalışan zavallı mahluklardır.

O kadar düşük benlik saygıları ve özgüvenleri vardır ki, bunu kazanabilmek için küçük bir çocuğa acı vermeleri gerekir. Tacizcilerin pek çoğunun çocukluk yıllarında tacize ya da tecavüze uğradığını görmek bu yüzden şaşırtıcı değildir. Tedavi olup iyileşmek yerine, kendi yaşadıkları acıyı bir başka çocuğa yaşatarak çocukluk mağduriyetleri üzerinden güç kazanmaya çalışan hastalıklı insanlardır bunlar. Bir 'zorbanın kurbanı' iken, bir 'kurbanın zorbası' rolüne geçmeyi seçmiş zavallılardır.

Çocukluk yıllarında yaşanmış cinsel şiddet yetişkinlik yıllarına iki temel biçimde yansır.

İlki şudur. Kişi çocukluğunda yaşadığı bu şiddet davranışının etkisiyle büyük bir vicdan, empati ve kişilik yoksunluğu içine düşer. Hissettiği ağır utanç ve suçluluk, onu bu şemalara uygun davranmaya yönlendirir. Utanç hissetmek utanç verici şeyler yapmaya, suçluluk duymak suç içeren eylemlerde bulunmaya sebeptir çünkü insan her zaman hissettiğine uygun yaşar. Bu yüzden cinsel şiddete maruz kalmış kişiler kendi çocuklarına şiddet göstermeye daha yatkın olurlar.

İkinci durum ise, çocukluklarında edindikleri 'kurban' rolünü sürdürmektir. Çocuk haksızlığa, zorbalığa, kendine yapılan kötü davranışlara boyun eğmesi gerektiğini öğrenmiştir. Bu yüzden hayat boyu onu ezecek kişileri kendine çeker ve ilişkilerinde derin mağduriyetler yaşamaya devam eder.

Adına Nazlı diyeceğim genç danışanım görüştüğümüzde 18 yaşındaydı. Henüz 8 yaşındayken annesine kanser teşhisi konmuştu ve ağır bir tedavi süreci başlamıştı. Anne babası Nazlı'nın bu süreçten çok etkilenmemesi için onu anneannesi ve dedesinin yanına gönderdiler. O yıllarda 24 yaşında olan dayısı tarafından aylar boyu tacize uğradı. Nazlı bu süreci;

'Gece yanıma gelip bana dokunmaya başlıyordu. Ben kaskatı kesiliyor, sesimi çıkaramıyor, adeta donuyordum. Hem kendimden hem de tüm erkeklerden iğrenmeyi o yıllarda öğrendim' diye anlatıyordu.

Nazlı, anneannesinin evinden ayrılıp iyileşen annesinin yanına döndüğünde bu olay hiç yaşanmamış gibi davranmayı seçti. Kimseye bir şey söylemedi. Lakin ergenlik yıllarıyla beraber yıkıcı, anlamsız ve zarar verici cinsel davranışlarda bulunmaya başladı. Okul arkadaşı olan erkeklerin evine gidiyor, onlarla pornografik yayınlar izliyor, cinsel deneyimler yaşıyor, sanal mecralarda tanımadığı kişilerle cinsel yakınlaşmalar yaşıyor, sonra sebepsiz yere araya mesafe koyup bu kişilerden ayrılıyordu. Bu davranışlar Nazlı'nın iğrendiği 'kendinden' ve 'erkeklerden' intikam alma biçimiydi.

Davranışlar devam ettikçe Nazlı'nın kendine dair olan 'pis ve iğrenilecek biri' inancı pekişmişti. Nasıl bir insan bu gibi davranışlar yapardı ki zaten? Ancak kendi gibi iğrenç bir mahluk olmalıydı. Kendine (ve tanımadığı erkeklere) yönelttiği bu baş edilemez öfkesi sonucu alkole başlayıp kendini uyuşturmaya çalışmıştı. Ama işler iyiye değil, bilakis kötüye doğru gitmişti. Benimle tanıştığında internette paylaştığı pornografik fotoğraflar başına dert olduğu için ailesinin haberi olmuş ve kızlarını yaka paça bir danışmana getirmişlerdi. Dayısıyla yaşadığı durum, yıllar sonra ilk kez konuşuluyordu.

Çocuğun kendi bedeninde maruz kaldığı cinsel şiddet davranışları kadar, başkalarının cinsel deneyimlerine/davranışlarına maruz kalması da çocuk için travmatiktir.

Latife gece yalnız yatmaktan korkan bir çocuktu. 12 yaşındaydı ve 5 yaşından beri anne babasının odasında bir yer yatağında yatıyordu. 7 yıl boyunca çoğu defa anne babasının cinsel ilişkisine bazen ses, bazen görüntülerle şahit olmuştu. Anne babası bilinçli ebeveynler olmadığından çocuklarının korkusuyla ilgili bir uzman görüşü almamış, korkunun derinleşmesine izin vermiş ve Latife'nin kendi mahrem hayatlarına şahit olmasına kayıtsız kalmışlardı. Bu olay Latife'de derin bir utanç oluşturmuştu.

Cinsel şiddetin her türü çocuk için yıkıcı hatıralar bırakır. Bu doğrudur fakat hatıraların izini bugüne taşıyıp sürdürmek ya da onları geçmişin 'geçmiş' oluşunun iyileştirici denizine emanet etmek bizim tercihimizdir.

Cinsel İstismarı İyileştirme Çalışması

'Maruz kaldığın kötü dokunuşların acısı artık geçti küçük kız!'

Cinsel şiddetin büyük maruziyetlerinden biri, taktil sistemin negatif yönde hassaslaşmasıdır. Nitekim çocuk 'kötü dokunuşa' maruz kalmıştır. Ve Bessel A. Van del Kolk'un dediği gibi, 'Beden kayıt tutar!' Bu nedenle bu tür bir şiddete maruz kalmış çocuklar yetişkinliklerinde fiziksel temastan uzak duran kişilere dönüşebilirler. (Bazı durumlarda da kötü dokunuşun negatif bir döngüsü olarak kendi bedenlerine ya da başka bedenlere yıkıcı dokunuşlarda bulunabilirler).

Cinsel şiddeti iyileştirmek için pek çok çalışma yapılabilir. Ayrıca kitapta verilen diğer çalışmalar yine şiddetin her türü için bir iyileşme adımı olabilir. Ben 'iyi dokunuşu' artıran bir çalışma ile başlamanın faydalı olacağını düşünüyorum. Zira cinsel şiddetin kötü dokunuş etkisini nötralize etmek için hayatımızdaki 'iyi dokunuşları' artırmak etkili bir yöntemdir.

- Çocuklar ve hayvanlar -güvende hissettikleri ölçüde- insana koşulsuz sevgi verirler. Bunu da dokunarak (sarılarak, elinizi tutarak, kucağınıza oturarak, saçınızı okşayıp öperek) gösterirler.
- Bu yüzden iyileşmeye çocuğunuza kendinizi bırakarak başlayabilirsiniz. Çocuğunuzu kendi çocukluğunuz, kendinizi ise kendi anneniz olarak zihninizde imgeleyip ebeveynlerinizin size yapmasını istediğiniz şefkat dokunuşlarını çocuğunuza vererek, kendi çocukluğunuzu çocuğunuzla iyileştirebilirsiniz.
- Bu çalışma için bir evcil hayvan edinmek de oldukça etkilidir. Kedi, köpek, tavşan gibi tüylü, sıcak ve sevilebilir bir hayvan edinebilir ve her gün ilaç alır gibi onu sevip okşayarak ruhunuzdaki yaranın iyileşmesini izleyebilirsiniz.
- Bunun için gün içinde bir saat belirleyin. Diyelim 12-12.30 arası demiş olalım. Bu saate 'iyileşme saati' adını koyun. Zihninizin bu yönde fayda sağlamasını kodlamış olun. Bu vakitte çocuğunuzu ya da evcil hayvanınızı kucağınıza alıp, size yapılmasını istediğiniz şekilde onlara 'iyi dokunuşlar' verin. Eğer onlar da size sarılıp öpmek isterlerse bırakın yapsınlar, kaçmayın. Bu sizin güvenli alanınız. Burada saygı duyuluyor ve seviliyorsunuz. Bırakın size dokunsunlar ve iyileşmenize yardımcı olsunlar.
- Bu çalışmaya ek olarak kendinize olan öznel dokunuşlarınızı da artırabilirsiniz. Saçlarınızı uzun uzun şefkatle tarayın (mümkünse aynaya bakarak). Yüzünüze, bedeninize hoş kokulu kremler sürün. Bedeninize hak ettiği olumlu sevgiyi kendiniz verin. Bu süreçte kendinize 'Çok iyiyim, kendimi çok iyi hissediyorum, saygı duyulacak ve sevilecek biriyim' olumlamalarıyla destek olabilirsiniz.

GİZLİ BİR YARA İYİLEŞİYOR: 'DUYGUSAL İSTİSMAR'

Sanıyorum duygusal şiddet konusu bu kitapta yer alan şiddet türlerinden en büyük hacimde yer tutanı olacak çünkü fazlaca şekli ve yetişkinliğe etki eden yönleri var. Bununla birlikte tespit edilebilmesi en zor şiddet türü yine duygusal yönde olan. Nitekim fiziksel ya da cinsel şiddette olduğu gibi bedende görebileceğimiz bir yara bırakmaz. Tüm yaralar duygu dünyamızı kanattığı için, ancak o dünyanın kapılarını açarak yaralarımızın varlığını fark edebiliriz.

Şimdi gelin duygusal istismar davranışlarını başlıklar halinde inceleyelim:

Koşullu Sevgi / Sevgisizlik

Küçük bir çocuk için en acı verici deneyim sevgi yoksunluğundan kaynaklı olandır. Nitekim yüce Mevla (cc) insanın hamurunu sevgi ile yoğurmuştur. Sevgi, aynı yemek, içmek, uyumak, nefes almak gibi hayati bir ihtiyaçtır. Lakin bazılarımız çocukluğumuzda saf ve koşulsuz bir sevgi davranışı göremediğimiz için çocuklarımıza sevgi vermekte zorlanırız. İşin özü, anne babamızdan alamadığımız sevgi sonucu oluşan, 'Ben sevilmeye layık biri değilim' inancıdır. Çocuklarımızdan öte ve önce sevgi veremediğimiz (sevgiye layık görmediğimiz) kişi kendimizizdir. Kendine sevgi veremeyen kişi, bir başkasına da veremez.

Bununla birlikte anne olduğumuzda içimiz evladımıza akmaya başlar. Onu doğal bir biçimde severiz, bu, fıtratımızda vardır. Ama bu sevgi bize kendi sevgisiz çocukluğumuzu hatırlattığı için acı verici olabilir. Bu acıyla baş etmek için çoğunlukla iki temel davranış geliştiririz, ya sahip olduğumuz sevgisizlik şemasına teslim oluruz (yani ebeveynlerimizin sevgisizlik tutumlarını çocuğumuza aktarırız) ya da bu tutumların aşırı telafisine girerek patolojik sevgi davranışları geliştiririz. Her iki durum da çocuk için oldukça yıkıcıdır.

Ebeveynlerinden gördüğü sevgisizlik şemasına teslim olan annelerin dilinde genellikle sevgiyi inkâr cümleleri vardır. Çocukluk yıllarında ihtiyaç duydukları öpme, sarılma, kucaklanma, duygusal olarak kabul görme, anlaşılma, destek olunma gibi sevgi davranışlarını göremediklerinden acı içindedirler. Bu acıyı hafifletmek için de aynı davranışları aktarmayı seçerler. Böylece davranışı mantığa bürümüş, normal bir ebeveyn davranışı gibi kodlayarak 'Sırf benim annem böyle değildi. Her anne böyle. Bak ben de öyleyim. Yani boşuna acı çekmedim. Bu davranışlar ebeveynliğin doğasında var' kabulüne gelerek acılarını iyileştirmeye çalışırlar. Dillerinde çoğunlukla şu cümleler vardır:

'Çocuğunu kucağına alma, alışır sonra.'
'Sakın aynı yatakta yatma, ezersin. En iyisi daha ilk günden ayrı yatakta yatmaya alıştır.'
'Her ağladığında kucağına alma. Bırak kendi kendini teselli etmeyi öğrensin, sana bağımlı olmasın.'
'Ben özellikle sürekli öpüp okşamıyorum. Hayat öyle bir yer değil. Dünya kötü bir yer sonuçta. Öyle pamuklara sarılmaya alışmasın.'

Her ne kadar mantıklı açıklamalarla ya da geçmişe dair idealize etme davranışlarıyla çocukluğumuzun sevgi yoksunluğunu dindirmeye çalışsak da o iş o kadar kolay değildir. Nitekim çocukken boş bırakılan sevgi kovalarımızı doldurabilmek için bağımlı ve yıpratıcı ilişkiler tercih etmemize, annemizin vermediğini eşimiz ve çocuklarından talep etmemize (ki bu talep çevremizdekilere haksızlıktır. Nitekim hiç kimsenin bizim yoksunluklarımızı gidermek gibi bir misyonu yoktur) ya da aşırı telafi davranışlarının 'sevgi' kılıfı ardında ortaya çıkmasına neden olacaktır. Gelin şimdi bu telafi davranışlarını inceleyelim:

Sevgi, Aşırı Sahiplenmek Değildir!

Meliha'nın iki çocuğu vardı. Her fırsatta çocuklarını çok sevdiğinden bahseden neşeli bir kadındı. Sevgisinin ne kadar fazla olduğunu ifade ederken şöyle cümleler kurardı:

'Yanımda yöremde olsunlar. Bir gün görmesem özlerim!'
'Liseyi/üniversiteyi başka bir şehirde okumak mı?! Ayy asla izin veremem. Gözümün önünde olsunlar.'
'Ben kızlarımı hiç uzağa gelin veremem. Hatta bana kalsa, evlenmesinler bile. Çalışsınlar hayatlarını kazansınlar, burada bir aileleri var nasılsa!'

Meliha'nın sarf ettiği tüm bu cümleler 'sevgi' kılıfının ardına saklanmış yoksunluk cümleleriydi. Meliha güven içinde geçirdiği bir çocukluk yaşamamıştı. Ailesiyle bağı yok denecek kadar azdı. Bunun acısını biliyordu ve çocuklarına yaşatmak istemiyordu. Niyeti gayet iyiydi. Lakin tutumları kendi çocukluğunda yaşadığı yoksunluğun gölgesinde kalıyor, aşırı telafi etme mekanizması geliştirmesine ve çocuklarının hayatına dair yıkıcı tahakküm davranışları ortaya koymasına neden oluyordu.

Oysa sevgi *aşırı sahiplenmek* değildir. Sevgi, çocuğa doğduğu andan itibaren bir birey olması yolunda *-yaşıyla doğru orantılı olarak-* alan açmak demektir. Meliha'nın durumunda ise kendi çocukluk yoksunluğu olan istikrarlı bir sahipleniş ve sağlıklı bir bağ kurma sürecinin fazlasıyla çocuklardan beklendiği patolojik bir ilişki ağına dönüşmüştür.

Sevgi, Aşırı Koruyucu Olmak Değildir!

Züleyha'nın üç çocuğu vardı. Her çocuğuna gözü gibi bakar, sırf onlar hasta olmasın diye her gün dipli bucaklı temizlik yapar, gün içinde defalarca çocuklarının üstünü değiştirir, sırtlarına ter bezi koyar, terleyip hasta olacaklar diye parka bile göndermezdi. Her şeyin organiğini bulup almak onun için vazgeçilmezdi. Çocukları arkadaşlarından görüp hazır paketli bir gıda isteseler onlara kızar, uzun uzun bu gıdaların zararından bahsederdi. Bu konuşmalar genellikle şu cümleyle son bulurdu: *'Ya hasta olursanız?!'*

Züleyha henüz küçük bir bebekken zatürre geçirmişti. O kadar ağır bir süreçti ki, hayatını kaybedeceği düşünülmüştü. Ailesi küçük bir köyde yaşıyordu. İmkânları kısıtlıydı. Bununla birlikte hastalıktan iyileşmesi için var olan imkânlarını seferber etmeyi düşünebilecek kadar bilgili de değildiler. Hastalığın Züleyha'nın nefesini kestiği süreçlerde adeta onu kaderine terk etmişlerdi. Züleyha hayata zar zor tutunabilmişti. Bu şema onun hayatında hastalıkla mücadele etmeyi bir varoluş simgesi haline getirmişti. Ailesinin ona gerekli desteği vermemesiyle oluşan 'sevgi yoksunluğu'nu telafi edebilmek için hastalık konusunda aşırı hassas tutumlar geliştirmiş, bunu bir annelik tutumuna dönüştürmüştü.

Oysa sevgi aşırı koruyucu tutumlar ortaya koymak değildir. Anneliğin önemli bir bileşeni muhakkak ki 'korumak'tır. Çocuğu oluşabilecek kötü olaylardan, büyük acılardan, hastalıklardan ve hatta zaman zaman kendinden korumak bizim ebeveynlik görevimizdir. Ve fakat bu koruma hali çocuğun geliştirmesi gereken öz bakım becerilerini güdük bırakacak yoğunlukta olmamalıdır. Onun parka çıkmak, arkadaşlarıyla zaman geçirmek, sosyalleşmek gibi doğal ihtiyaçlarına ket vuracak hassaslığa bürünmemelidir. Koruyuculuğun doğru ayarı çocuğu bilgilendirmek, nasıl olması gerektiğini göstermek, sonrasında ise *-yaşıyla doğru orantılı bir biçimde-* hayatın içinde deneyimlemesine müsaade etmektir.

Yine bazı anneler koruyucu olma halini aşırı evhamla birleştirerek felaket senaryoları üretmekte mahirdirler. Çocuk arkadaşıyla dolaşmak istediğinde, 'Ya başınıza bir şey gelirse' diyen, arkadaşının evine gitmeyi arzu etse, 'Ne kötü insanlar var, başkasının evine gidilir mi hiç' diye azarlayan, kocaman yaştaki çocuğunu ilkokul çocuğu gibi elinden tutup okula götüren ve 'Aa sokaklarda ne sapıklar var. Nasıl bırakayım çocuğumu tek başına' diye cümleler kuran bir anne farkında olmadan evladını büyüme yolculuğunda yalnız bırakıyordur aslında. Nitekim çocuğu büyüten şey, deneyimdir. Elbette bu tedbirsiz olmak değildir ama istatistiksel olarak düşük bir ihtimalle başına gelebilecek şeyler için çocuğu hayattan mahrum etmek doğru bir davranış olmaz. Bu noktada çocuk olumsuz durumlarla nasıl baş edeceği konusunda bilgilendirilmeli, sonrasında 'Tedbir bizden. Takdir Rabbimizden' düsturuna teslim edilmelidir.

Sevgi, Çocuğun Her İstediğini Yapmak Değildir!

Mehlika'nın ailesi otoriter bir aileydi. Sert bir disiplin anlayışları vardı. Mehlika'nın pek çok isteği 'Hayır' duvarına çarpıp geri dönüyordu. Sebebini sorduğunda aldığı cevap çoğunlukla, 'Çünkü ben öyle diyorum!' oluyordu. Kurallar ve kaideler konusunda alabildiği cevaplar yoktu. Sadece hayır'lar vardı. Mehlika anne olunca asla annesi gibi katı annelik yapmayacağına dair kendine söz verdi. Annelik yolculuğu içinde verdiği sözde durmayı da başardı. Kızı Eda istediği saatte eve girip çıkar, 'Anne eve köpek alalım mı' gibi bir istekle geldiğinde isteği hemen yerine gelir, dilediği arkadaşında kalır, sofraya oturmak istemediğinde oturmaz, uyku, beslenme, eve giriş çıkış gibi pek çok konuda bir 'aile kültürü' bulunmazdı. Mehlika, ortaya koyduğu bu sınırsız ebeveynlik tutumunu 'sevgi' sanıyordu. Oysa yetişkinlik yıllarına ulaşan Eda bir terapi seansında, 'Annemin varlığı 'yok' gibiydi. Her şeye izni vardı, keşke biraz daha fazla kuralları olsaydı' diyordu.

Oysa sevgi çocuğun her isteğini yerine getirmek değildir. Çocuklar büyürken en az sevgi ve kabul görmek kadar sınırlara da ihtiyaç duyarlar. Bu sınırlar çocuğun kendinden korunması için de elzemdir. Şöyle düşünelim, bir çocuğa bütün gün televizyon izleyebilirsin desek ne yapar? Tabii ki bütün gün televizyon izler! Çünkü bu eylem çocuk için keyiflidir. İşte tam da bu noktada çocuğunu seven her annenin kuralları olması gereği karşımıza çıkar. Bir anne çocuğunun iyiliği için yeri geldiğinde ona 'hayır' diyorsa, o anne çocuğunu seviyor demektir.

Buradaki kıvamın ne olması gerektiğine gelince... Mehlika'nın annesi hayırcı anne örneğidir. Olabilirliğine bakmadan pek çok şeye hayır diyen ve bunu disiplin sanan anneler böyledir. Çocuk, anne arkadaşıma gidebilir miyim, dediğinde hiç düşünmeden, bu isteğin olabilirliğini değerlendirmeden 'hayır' demek buna örnektir. Bu durum bir süre sonra çocuğun tepkisel davranmasına neden olur. Nitekim ortada sınır vardır ama bu sınır hareket kabiliyetini neredeyse sıfıra düşürecek kadar dar ve katıdır. Ben sınırlar konusunda kendime iki soru sorarak hareket ediyorum:

- Bu sınırı neden çiziyorum? (Çocuğum neden hayır diyorsun diye sorduğunda mantıklı bir nedenim olmalı)
- Bu sınır kimin için gerekli? (Hayır derken kendimi mi düşünüyorum, çocuğumu mu?)

Bu iki sorunun iç dünyamdaki cevabı doğru noktayı gösteriyorsa, çocuklarıma bunları anlatıp kuralımdan geri dönmüyorum. İşte pedagojide bu davranış kalıbına *pozitif disiplin* diyoruz.

Sevgi, Çocuğun Her İstediğini Almak Değildir!

Ela yoğun çalışan bir anneydi. Bir alışveriş merkezinin müdürüydü. Dolayısıyla hafta içi saat 21.00'e kadar, hafta sonu saat 22.00'ye kadar çalışıyordu. Çok iyi bir maaşı vardı. Lakin zamanı yoktu. Çocuğu anneannesiyle büyümüştü. Eve döndüğünde çoğunlukla çocuğunun uyku saati gelmiş oluyordu. Anne oğul birbirlerine ayırabilecekleri pek bir zaman bulamıyorlardı. Ela, çocuğunun büyüdüğünü göremediği için vicdan azabı çekiyordu ama işi çok iyiydi, bırakmak da istemiyordu. Bu şartlarda elinden başka bir şey gelmiyordu. O da içindeki acıyı susturmak için seçebileceği en kestirme yolu seçmişti: 'Mantığa bürümek!'

'Zaten oğlum için çalışıyorum! Onun için böyle yoğun bir işe katlanıyorum. İleride iyi okullara gitsin, iyi bir hayatı olsun diye uğraşıyorum!'

diyordu. Ayrıca oğlunun istemesine bile fırsat vermeden en pahalı oyuncakları, marka kıyafetleri, teknolojik gereçleri adeta önüne seriyordu.

Oysa sevgi çocuğun her istediğini almak değildir. Bu konuda çok sevdiğim bir söz var, 'Çocuklarımıza aldığımız şeyleri yarıya düşürüp onlarla geçirdiğimiz zamanı iki katına çıkarırsak bambaşka bir ebeveynlik yolculuğumuz olur' der. Çocuklar parayla aldıklarımıza değil (hayatı idame ettirecek kadar gıda, giyim, barınak buna dahil değil elbette), onlara ayırdığımız zamana ve gösterdiğimiz ilgiye bakarlar. Para konusunda takındığımız hassas tavırlar çoğu zaman onlar için travmatiktir çünkü dünyalarında böyle bir kavram uzun yıllar boyunca yoktur.

Yıllar önce bir anne aramıştı beni. 'Hatice Hanım, dar gelirli bir aileyiz. Çocuğum geçen gün arkadaşlarıyla oynarken diğer çocuklardan biri, 'Hafta sonu waffle yemeye gittik' dedi. Çocuğum waffle ne demek diye sordu. Çok utandım. Ben çocuğuma hiç waffle alamadığım için bilmiyor tabii yavrum' dedi. Dedim ki, 'Her çocuk waffle yemek ya da bunun ne olduğunu bilmek zorunda mı sizce?' 'Yok tabii değil de, biz alamıyoruz ya ona içerledim. Arkadaşlarının yanında eksik kaldı yavrum,' dedi. 'Hayır,' dedim, 'çocuğunuz ezilmedi. Ezilmiş hisseden sizsiniz'.

'Çocuklar bazı şeyleri bilir, bazı şeyleri bilmez bir başka arkadaşından öğrenir. Bunlar çok doğal şeyler. Her çocuk waffle yemek ya da ne olduğunu bilmek zorunda değil. Bunu siz de söylüyorsunuz zaten. Burada mesele iç dünyanızda çocuğunuza onun her istediğini ya da diğer çocukların isteyip aldığı şeyleri alamıyor oluşunuzun acısını yaşıyor olmanız. Bunu yaşayan sizsiniz. Çocuğunuz değil. Eğer böyle bir duygunuz olmasa rahatlıkla çocuğunuza, 'Waffle hamurdan yapılır, üzerine çikolata ve meyve koyulur. İstersen biz de evdeki malzemelerimizle deneyebiliriz' diyebilirdiniz. Konu kapanır giderdi.

Hatta hiçbir şey söylemeseniz, çocuğunuz arkadaşından waffle nedir sorarak öğrenirdi. Yine konu kapanırdı. Bu yüzden burada mesele sizin yeterli anneliğe bakış açınız. Şunu unutmayın, çocuk için yeterli olmak parayla değil, sevgi dolu zaman ve ilgiyle alakalı bir şeydir' dedim.

Çünkü işin aslı budur; her istediği alınan çocuk mutlu olmaz. İsteklerine değer verilen, önemsenen, yapılamadığında bunun nedenleri hakkında sohbet edilen ve alternatifler üretilen çocuk mutludur. Çocuk para istemez, değer verilmek ister.

Eleştirel Dil

Bazı anneler çocuklarının daha iyi olmasını isterler. Bunun için de yaptıkları her hatayı, eksiği dillendirip çocuğu eleştirmeleri gerektiğini düşünürler. Bu tanım aklımıza şu soruyu getirebilir: 'E tabii çocuğumun iyi olmasını istiyorum. Bunu hangi ebeveyn istemez ki?'

Aslında sorun çocuğun iyi olmasını istemek değildir. Bunu her ana baba ister. Sorun, çocuğun yaptığı iyileri görmezden gelip yapamadıklarına odaklanmak ve sürekli bunu konuşmaktır.

Hatice, eleştirel dile sahip bir annenin çocuğuydu. Mutfağı toplamaya girse, annesi başında bekçi gibi dikilip 'Onu şöyle yap. Burayı neden şöyle yapmadın. O tezgâh yeterince temiz oldu mu şimdi?!' gibi cümleler kurardı. Gün içinde yaptıklarından çok yapamadıklarıyla ilgiliydi. Hatice büyürken kendini hep yetersiz hissetti çünkü neyi nasıl yaparsa yapsın annesinin beklentisini karşılayamıyor gibiydi. Daha önce bahsettiğimiz gibi, çocuklar ebeveynlerinin tutumlarındaki doğruluğu ya da yanlışlığı ayırt edemezler. Ebeveynleri ne yapıyorsa o doğrudur diye düşünüp, kendilerine dair öyle bir bakış açısı geliştirirler. Hatice de öyle yaptı. Annesinin eleştirel dili Hatice'nin kişiliğinde derin bir yetersizlik şeması oluşturdu. Bu şemayı fark edip üzerinde çalıştığında artık 45 yaşında bir kadındı. O yaşa kadar yaptığı işler ne kadar başarılı olursa olsun o hep bir şeylerin eksik olduğu hissinden kurtulamamıştı.

Bu noktada isterseniz, 'Peki çocuğumun yanlışını hiç mi söylemeyeyim' sorusunun cevabını konuşalım. Ana babalar çocuklarından önce doğdular ve uzunca bir hayat tecrübeleri var. Elbette bu tecrübeleri çocukla paylaşmak, ona yol göstermek ebeveynliğin önemli bir parçasıdır. Ve fakat üslup her şeydir, bunu unutmamamız gerekir. Ben bu noktada annelerle sihirli bir kelime paylaşıyorum: 'İstersen'...

'Bulaşıkları makineye şöyle koy!' cümlesi ile 'İstersen bardakları yukarı koyabilirsin. Daha kolay yerleşirler oraya' cümlesi arasında da büyük fark vardır. 'İstersen' kelimesi bir yandan çocuğumuza yön gösterirken, diğer taraftan inisiyatifi yine ona bıraktığı için zorlayıcı değildir. Buradaki önemli noktalardan biri, bu cümleyi kurduktan sonra yaptı mı, yapmadı mı diye dedektifçilik oynamamaktır. Şunu kabul etmek önemlidir, bir musibet bin nasihatten öğreticidir. Çocuklara hata yapma, deneme, yanılma payı açmak önemli bir ebeveynlik becerisidir.

Kıyaslama

Kıyas, insanın doğasında var olan ve özelliklerini başkalarının aynasında görüp fark etmesine yarayan bir duygu durumudur. Normalde zararsız ve fıtridir. Bir çocuk kendinde var olan bir becerinin 'beceri' olduğunu anlayabilmek için dahi başka çocuklara ihtiyaç duyar. Güzel ses, sesi o kadar da güzel olmayan diğerlerinin yanında, resim çizme yeteneği o kadar iyi çizemeyen başkaları varken fark edilir. Kıyas, hayatın içinde doğal olarak vardır.

Kıyası yıkıcı kılan ve duygusal bir şiddet davranışına dönüştüren şey, ebeveynin kendi beklentisi yönünde çocuğunu kıyaslamasıdır. Birden çok kardeşin olduğu bir evde güzel olanı olmayanla kıyaslamak (ya da bunu hissettirmek), derslerinde başarılı olanı olmayana örnek göstermek, spora ya da sanata yeteneği olanı sürekli övüp diğer çocukların var olan yeteneklerini keşfetmemek yıkıcı kıyas için verilebilecek örneklerdendir. Ya da bazen kardeşiyle değil de arkadaşlarıyla ve hatta ebeveyninin o yaştaki başarılarıyla kıyaslanmak çocuk için duygusal anlamda travmatik etkiler bırakır.

Zehra çok güzel bir kızdı. Üç kız kardeş içinde en güzeli ve dikkat çekeni Zehra'ydı. Ne zaman kardeşleriyle parka çıksalar Zehra ilgi görür, etraftaki kişilerin 'maşallah ne güzel kızsın sen' övgüsüne muhatap olurdu. Zehra'nın annesi bu durumdan oldukça memnundu. Nitekim Zehra'ya gelen her övgü onu gururlandırıyor, 'Kime çekmiş' deyip kendine pay çıkarmasına sebep oluyordu. Lakin annenin gözden kaçırdığı bir şey vardı, *diğer kızları...* Bilinçli bir ebeveyn Zehra'nın sahip olduğu bu özellik gibi, diğer çocuklarının da kendilerine has güçlü özellikleri olduğunu bilir ve onların da bu yönlerini ortaya çıkarmak için gayret ederdi. Ama Zehra'nın annesi onun güzelliğinden duyduğu gururla o kadar ilgiliydi ki, hem Zehra'yı sadece bu yönüne odaklı yetiştirdi hem de diğer kardeşleriyle arasının açılmasına neden oldu. Zehra ilerleyen yıllarda sadece görüntüsüyle ilgilenen, 1 kilo alsa depresif tutumlar sergileyen, girdiği ortamda dikkat çekebilmek için yoğun çaba gösteren birine dönüşmüştü. Kız kardeşleriyle çatışmalıydı. Kardeşlerden biri annesi tarafından kabul görebilmek için bedensel güzelliğini takıntı haline getirmiş, 'manken gibi bir vücuda sahip olmak' adına pek çok yeme bozukluğu gösteren bir genç kıza dönüşmüştü. Diğer kardeş ise uç noktalardan diğerine kaymış, beğenilmeme şemasına teslim olarak öz bakımını dahi önemsemeyen paspal bir tutum içine girmişti.

Bazen de 'tepkisizlik' kıyas hissi oluşturan bir etki ortaya çıkarır. Bir kardeşin çok iyi piyano çaldığını düşünelim. Diğer kardeş ağabeyinin sürekli iltifat aldığı bu becerisine öykünüyor olsun. O da gayret edip piyano çalmaya çalıştığında heyecanla annesinin gözlerine bakar ve onay arar. Eğer annesi donuk bir biçimde, 'Hee güzel oldu' gibi aşağılayan bir tepki verirse, çocuk için yıkıcı bir kıyas fitili ateşlenmiş olur. Ve çoğunlukla mesele sadece 'Ben piyano çalamıyorum' ile sınırlı kalmaz, 'Ben beceriksizim' şemasına dönüşür.

Suçlama

Bazı ebeveynler çocuğun yaptığı ufak ya da büyük hataları hiç unutmazlar. Çocuk dersini almış olsa ve bu davranıştan vazgeçse dahi temcit pilavı gibi, 'Sen zaten bunu yapmıştın' cümlesini ısıtıp ısıtıp masaya koyarlar. Bu, çocuk için yıkıcı ve travmatiktir.

Bekir 13 yaşında bir çocuktu. Annesi onu doğurduğu yıllarda eşiyle büyük problemler yaşamış, boşanma kararı almıştı. Bekir'in annesi için evliliğini bitirmek ve hayata yeniden tutunmak hiç kolay olmamıştı. Uzunca süre depresif bir halde dolaşmış, yataktan çıkmadan geçirdiği günler fazlalaşmış, çoğu zaman oğluyla anneannesi ilgilenmiş, bakımını onlar üstlenmişti. Bu nedenle Bekir annesine içten içe öfke besliyordu. Nitekim boşanma süreci ve yeni bir hayata başlamak annesi için olduğu kadar Bekir için de zordu. Alışık olduğu tüm düzen sarsılmış, anne babasının şiddete varan büyük kavgalarına defaten şahit olmuş, her çocuk gibi izaha, desteğe, teselliye ihtiyaç duymuş ama bunu kimseden alamamıştı. Annesi, babası ve hatta anneannesi, etrafındaki herkes kendisiyle ilgili gibiydi. Kimse Bekir'in ne hissettiğini düşünmüyordu. Bekir bu süreçte kendini yemi verilip kenarda sessizce durması gereken bir süs balığı gibi hissetmişti.

Aradan geçen birkaç yıl içinde Bekir'in annesi iyileşti, yeni düzenleri kuruldu, aile hayata tutundu fakat Bekir tepkisel ve yıkıcı tutumlar ortaya koyuyordu. Annesiyle inatlaşıyor, eşyalara (bazen kendine) zarar veriyor, hatta işi gizlice cüzdanından para almaya kadar götürüyordu. Annesi en sonunda Bekir'i bir danışmana götürmeye karar verdi. Bekir'in bilinçdışı öfkesiyle çalışıldı, anne ile gerekli yüzleşmeler yapıldı ve zaman içinde Bekir'in tepkiselliği ve yıkıcı davranışları azalarak ortadan kalktı. Ancak annesi yaşadıkları çatışmanın geçip gitmesine izin vermiyordu. Her anlaşmazlıklarında, 'Zaten annesinden para çalan çocuktan ne beklenir ki' deyiveriyordu. Annesinin bu güvensizliği Bekir'in, 'Ben güvenilmez bir insanım' şemasına gün be gün yeni tuğlalar koydu. Yıllar içinde yeniden 'güvenilmez' işler yaparak var olan şemaya uyum sağlamayı seçti.

Bekir'in yaşadığı tepkisellik aslında çok insani ve anlaşılabilir bir durumdur. Nasıl ki boşanma sürecinden geçen bir kadının depresyon yaşamaya hakkı varsa, o dönemden geçen bir çocuğun da içindeki olumsuz duyguları bir şekilde dışa vurmaya (ve hata yapmaya) hakkı vardır. Ama çoğu zaman biz yetişkinler kendi derdimize düşüp çocuğumuzun duygusal ihtiyaçlarını unuturuz. Sonrasında ortaya çıkan negatif durumlar için de çocuğu suçlarız. Yıllar içinde bu suçlama tutumu çocuğumuzda negatif bir şema oluşturur. Ve bundan sonra çocuk iki şeyden birini yapar; ya şemaya uygun davranır ya da özgüveni aşınmış bir yetişkinliğe yürüyerek özdeğerini parça parça yitirir.

Bazı durumlar ise çocuğun hiçbir suçu olmadığı halde ebeveynin kendi yetersizliğini örtmek için ortaya koyduğu suçlamalardır.

Birgül dördüncü sınıfa gidiyordu. O gün okulda bir arkadaşının doğum günü vardı. Öğretmen serbest kıyafetle gelebileceklerini söylemişti. Annesi Birgül'e kendi diktiği inci düğmeli lacivert elbiseyi giydirdi. Evlerinin hemen alt katında babasının bakkalı vardı. Birgül, içinde kendini prensesler gibi hissettiği elbisesiyle çok mutluydu. Ne olduysa, aşağı indiği ve babasıyla karşılaştığı an oldu. Babası pek çok esnaf arkadaşının yanında Birgül'ü azarlamaya başladı. Birgül ne olduğunu anlamamış, herkesin içinde, 'Bu ne biçim elbise. Bütün vücudun ortada!' sözleriyle utanmış, adeta yerin dibine girmişti.

Elbiseyi seçen kendisi değildi, ona elbiseyi annesi dikmiş ve giydirmişti. Kaldı ki 8 yaşındaki bir çocuğun 'uygun kıyafet' tanımına yön vermesi gereken kişiler yetişkinlerdir. Ortada yanlış bir seçim varsa, bu çocuğun değil onun yanlış olduğunu öğretemeyen yetişkinin suçudur.

Lakin Birgül'ün babası kızını utandırarak onda oluşturduğu travmatik etkinin farkında değildi. Davranışına devam etti. Kızdı, söylendi. Sonra da kızının kolundan sertçe tutup eve çıkardı. Kapıyı açan annesi de ne olduğunu anlamamıştı. Eşine aynı şiddetle bağırıp kızan baba, öfkeyle, 'Hemen çıkarın şu elbiseyi, adam gibi bir şey giydir şu kıza!' dedi. Annesi Birgül'ün özenle taranmış saçlarını sıkıca topladı, kadife bir pantolon ve penye bir tişört giydirerek okula yolladı. Birgül, arkadaşının doğum günü kutlaması fotoğraflarında yüzü asık çıkan tek çocuktu. Babasının neden o denli çok kızdığını, onunla yüzleştiği bir terapi odasında yıllar sonra öğrendi. Babası, 'O elbiseyle bir genç kız gibi gözüküyordun. Ben senin büyümene hazır değildim' derken, kendi iç dünyasındaki bir korkuyu çocuğuna yıllar boyu taşıyacağı bir suçluluk duygusu olarak bıraktığını ancak görebilmişti. Artık 35 yaşında olan Birgül, kendini bildi bileli hiç etek ya da elbise giyememesinin altında yatan sebebi o terapi odasında fark etmişti.

Tehdit

Toplum olarak çocukla doğru iletişim nasıl kurulur tam bilmiyoruz. Pek çoğumuz sağlıklı iletişim kurulan çocuklar değildik, bu yüzden kendi çocuklarımıza nasıl konuşmalıyız noktasında pratik eksikliği yaşıyoruz. Çocuğumuz istediğimiz davranışı yapmadığında da *-kolay yolu seçip-* korkutarak yaptırmaya çalışıyoruz.

'Yemeğini yemezsen, kardeşine veririm.'
'Kitap okumazsan televizyonu açmam.'

'Beni üzersen senin annen olmam.'
'Bu çorbayı senin için yaptım. Yemezsen küserim!'
'Yolda yürürken elimi tutmazsan şu amca seni kaçırır.'
'Bahçeden dışarı çıkarsan çingeneler seni götürür.'
'Misafirlikte sessiz olmazsan iğneci sana iğne yapar.'
'Sütünü içmezsen doktorlar seni ameliyat eder.'

...ve bunlar gibi onlarca tehdit cümlesi annemizden bize, bizlerden çocuklarımıza aktarılarak habis bir ur gibi çocuklarımızın ruh dünyasını sarıveriyor.

Sare, kızını tuvalete alıştırmaya çalışıyordu. Kafasında, 'Nasılsa büyüdü, bir iki günde alışır' gibi bir beklenti vardı. Kendisi titiz bir kadın olduğu için pisliğe, hele de idrar/dışkı gibi bir pisliğe zaten tahammülü yoktu. Ama beklediği olmadı ve kızı Merve, aradan birkaç gün geçmesine rağmen tuvaletini yapmadan önce söylemeyi başaramadı. Sare her defasında çok öfkeleniyor, söylene söylene yerleri siliyordu. Bir yandan da kızını tartaklayarak, 'Bak bir daha yere yaparsan senin poponu yakarım!' diye tehdit ediyordu. En sonunda eline bir kibrit aldı ve kızının poposuna doğru güya yakacakmış gibi yaklaştırdı. Merve korkudan hıçkırarak ağlarken bir yandan da 'Tamam anne söz yapmayacağım! Ne olur yakma' diye yalvarıyordu. O günden sonra Merve bir daha altına kaçırmadı. Sare içten içe, 'Bu yol işe yaradı' diye seviniyordu. Aradan geçen haftalarda Merve ağır bir kabızlık yaşamaya başladı. Çocuk tuvaletini o kadar çok tutuyordu ki, bağırsaklarının içinde tuvaleti taş kesilmişti. Dayanılmaz sancılarla acil servise taşındılar. Küçük çocuğu rahatlatmak için doktor müdahalesi gerekmişti. Merve'nin bağırsak ve mesane sorunları yaşam boyu sürmeye devam etti. Tuvalete alışma süreci Merve için tam bir duygusal travmaya dönüşmüştü.

Bazen olaylar bu denli büyümez. Çocuğumuz görünürde sağlıklıdır ama duygusal istismar duygu dünyasını o denli örseler ki, çocuğumuz özgüvenini kaybetmiş, pasif, kendi değerinin farkında olmayan, melankolik ya da tam ters noktada hırçın, buyurgan, zorba, öfkeli, tahammülsüz, sabırsız bir yetişkinliğe doğru yürür.

Çocuk tehdit edildiğinde pek çok açıdan travmatize olma ihtimaliyle karşılaşır. İlki şudur: Çocuk tehdit edildiği cümlenin gerçekliğine inanır. Örneğin bir anne çocuğuna 'Yemeğini yemezsen seni çingeneye veririm' demiş olsa, yetişkin dünyası için gerçek olmadığı çok bariz olan bu cümleyi çocuk bir hakikat olarak algılar, yemeğini yemezse annesinin onu çingenelere vereceğini düşünür. Bu, çocuk için çok büyük bir korkudur. Bu yüzden kendini zorlar ve yemeğini yer! O sırada annesi yemeği arıza çıkarmadan yedirebildiği için mutludur. Peki çocuğa ne olur? Çocuk öncelikle şiddetli bir korku, ardından onu yabancılara verebilecek annesine karşı büyük bir güvensizlik hisseder. Düşünsenize, bu nasıl bir annedir ki sırf çocuğu yemek yemedi diye onu bir başkasına verebilmektedir! Böylelikle çocuk başına bir şey gelmesin diye isteklerinden vazgeçmeyi öğrenir. Hayat boyu, kendi isteğinin peşinden giderse başına bir şeyler gelebilecek gibi hisseder. Bu his bilinç düzeyinde anlamsız ve gerçek dışı olsa da kişi çocukluğundaki, 'Şunu yapmazsan başına şu gelir' şemasına o denli inanmıştır ki, isteklerinin sonucunun birer felakete dönüşeceği hissinden kurtulamaz.

Bu noktada diyebiliriz ki, tehdit güveni, emniyeti, varoluşu, fıtri gelişimi ve koşulsuz kabulü yıkar. Yerine korku dolu bir tedirginlik dünyası inşa eder.

Bağırma, Aşağılama, Kızma

Yetişkinlerin kolaylıkla yükselebilen sesleri, bozulabilen dilleri, aşağılayan halleri çocuk dünyasına atılmış travmatik imzalar oluşturabilir. Bütün bu davranışlar kişinin benliğini zedeleyen 'adamdan saymama, küçük görme' tutumu içerir. Saygınlıktan uzak ve kırıcıdır.

Zeynep, aylar süren tedavi seanslarında içindeki ebeveyne her yoğunlaştığında 'Aptal!' kelimesini duyduğunu söylüyordu. Annesini hayal ettiğinde karşısında hep bu görüntü vardı: 'Aptal!' diye bağıran eli belinde bir kadın! İyileşme sürecinde aylar boyu 'Sen aptal değilsin!' cümlesine ihtiyaç duymuştu. Bilinçli aklıyla bu hakareti kabul etmiyor, akıllı bir genç kadın olduğunu biliyordu ama onu strese sokan, yoran, tahammülünü azaltan anlarda otomatik bir biçimde kendini 'aptal gibi' hissettiği davranışlarda bulunuyordu.

Bazı çocuklar çocukluk yıllarında o kadar çok hakaret işitirler ki, sonunda o hakarete uygun davranmaya başlarlar çünkü öyle olduklarına inanırlar. 'Sakar' azarını çok işitmiş bir çocuğun sakarlığı artar. Böylece sakar olduğuna olan inancı pekişir. Sonuç olarak sakarca davranışlarında kalıcı bir artış olur. Bazı çocuklar içinse kızılma, bağırılma ve aşağılanma evin normali gibidir. Babanın anneye, annenin babaya, ebeveynlerin çocuğa saygısızca konuşması o ailenin normalidir. Böyle bir ortamda büyüyen çocuklar kendilerinin saygı duyulmaya layık olmadığı kök inancına sahip olurlar. Kendilerini bir paçavra gibi görürler ve bu algılarına uygun davranışlar ortaya koyarlar.

Bu noktada ebeveynler olarak bizim şu bilinç düzeyine gelmemiz önemlidir; çocuğa bir şeyin yanlış olduğunu söylememiz için ona bağırmamıza, aşağılamamıza, hakaret etmemize gerek yoktur. Ciddi bir lisan, kararlılık ve tutarlı davranışlar çocuğun kuralları öğrenmesi için yeterlidir.

İstememe / Reddetme

Bir insanın iki temel ihtiyacı vardır: Güvende olmak ve koşulsuz kabul görmek. Kabul görmenin içinde daha anne karnından başlayan bir süreç yatar. İstenen bir bebek olmak, bebeğin kabulünün ilk şartıdır. Yapılan pek çok araştırma, istenen bebeklerin istenmeyen bebeklere göre çok daha sağlıklı olduğunu ve yaşam doyumunun çok daha yüksek olduğunu göstermektedir. Bu nedenle gerek gebeliğin aile için bir sürpriz olması, gerekse cinsiyete ya da sağlık sorunlarına dair kabulsüzlükler çocuk için büyük travmalara dönüşmektedir.

Ayşe, ailenin ikinci bebeği olacaktı. Kendinden 1 yaş büyük bir ablası vardı. Ayşe'nin gebeliği beklenmeyen bir gebelikti. Bu yüzden annesi onun haberini alınca eşine bile söylemek istememişti. Zira ilk bebekleri henüz çok küçüktü, maddi durumları yoktu ve kayınvalidesiyle birlikte oturdukları zor bir hayat şartı içindeydiler. Ayşe'nin annesi gebe olduğunu öğrendiği ilk andan itibaren hissettiği tek bir duygu vardı: 'Suçluluk'! Adına Fadime diyeceğim anne adayı böylesi elverişsiz bir yaşam süreci içinde yeterince iyi korunmadığı, tedbir almadığı için kendini çok suçlu hissediyordu. Hamilelik onun suçu gibi, sanki bir suçlu gibi gizleniyordu. Suç ortağı da (hatta belki suçun gerçek sahibi de) karnındaki küçük bebekti. Varlığı başlı başına yanlıştı. Fadime uzun süre gebeliğini eşinden de, kayınvalidesinden de sakladı. Tabii gün geldi, gebeliği artık saklanmaz oldu. Kayınvalidesi bu haberi büyük bir kızgınlıkla karşıladı. Fadime'yi sürekli doğuran 'kötü bir kadın' olmakla suçladı. Nihayetinde oğlunu ve gelinini evinde istemediğini, bu kadar çocuk sesinin ona çok geldiğini söyleyerek evden kovdu. Fadime ve eşi ellerindeki kısıtlı imkânla bir ev tuttular fakat eşya alacak paraları yoktu. Yere attıkları birkaç minder ve döşek dışında ev bomboştu. Fadime, derin bir suçluluk ve boşluk hissediyordu.

Bu olaydan yıllar sonra, 42 yaşında bir terapi odasında gözyaşı döken Ayşe, çocukluğunun bu ilk travmasının yaşamındaki etkilerini anlatırken, 'Yaşadığım her olayda suçlu benmişim gibi hissediyorum. Bu yüzden insanlara hep evet diyorum. Hiç sınır koyamıyorum. Eşimle ya da çocuklarımla bir anlaşmazlık yaşadığımızda içimde derin bir suçluluk duygusu beliriyor. Hayatımda kocaman bir boşluk var. İş, eş, çocuk... içine ne koyarsam koyayım dolmayan bir boşluk!' diyordu. Suçluluk duygusu ve boşluk hissi onun için ta anne karnındayken aldığı bir annelik mirasıydı.

Bazen de kabulsüzlüğümüz cinsiyet beklentimize çarpıp, çocuğumuzun yüzüne bir reddedilme olarak *-tokat gibi-* inebilir.

Bir gün seminer sonrası yanıma gelen bir hanım önemli bir sorunu olduğundan ve konuşmak istediğinden bahsetti. Vaktim vardı, oturduk birer çay söyledik. 'Nasıl desem,' dedi, 'ben anne olmak istemiyorum. 5 yıllık evliyim, eşimi seviyorum ve ona çok güveniyorum. Ama ne zaman annelik konusu açılsa içim sıkışıyor, bunalıyorum. Neden böyle olduğunu da bir türlü anlayamıyorum?' 'Kaç kardeşsiniz,' diye sordum. 'Dört kardeşiz,' dedi. 'Siz kaçıncı çocuksunuz,' dedim. 'Son çocuğum,' dedi. İlk üç çocuğun ardından yedi yıl sonra doğmuş. 'Dört kız kardeşiz...' dedi. 'Hmm,' dedim, 'üç kızın ardından *-hem de yedi yıl sonra-* bir gebelik daha. Aileniz sizi erkek beklemiş olabilir mi?' 'Aa,' dedi şaşkınlıkla. 'Nereden bildiniz?' 'Hani genelde öyledir ya,' dedim, 'bir cinsiyet olunca diğeri beklenir hep. Yanlıştır ama yapıyoruz ne yazık ki. Peki,' dedim, 'ne kadar erkek beklenmişsiniz? Yani aileniz kız olduğunuzu öğrenince kolay kabullenebilmiş mi?'

Bu soruyu duyan genç hanım ağlamaya başladı. Hıçkıra hıçkıra ağlıyordu. Travmasının derinliği, incinmişliği gözlerinden yüreğine doğru süzülüyordu. 'Hayır,' dedi. 'Kabul etmemişler. Çocukluk kıyafetlerim hep mavi, fotoğraflarda saçım hep kısa. Hatırlıyorum, ortaokulda arkadaşlarım dalga geçerdi benimle 'Erkek Fatma!' diye. Uzatmak isterdim saçımı, babam izin vermezdi. İsmim ne biliyor musunuz,' dedi. 'İsmim İsmet! Dedemin adı.'

Sohbetimizin ilerleyen deminde İsmet'in kadınlık ifade eden her rolden kaçındığını gördük birlikte. Âdet düzensizlikleri, sancıları, cinsel münasebeti ve tabii annelik... Bir kız çocuğu olarak kabul görmediği için, 'kıza özgü' her rolünde problem yaşıyordu.

Bu durum sadece kız çocuklarına has değil elbette. Kızı olmadığı için oğlunun saçını uzatan, tokalar takan, saçını bigudilerle sarıp süsleyen anneler tanıyorum. Kendi kız çocuk isteklerini çarpık bir biçimde oğullarına yansıtabiliyorlar.

Bazı anneler de çocuklarının sağlık sorunlarını reddetme sürecine sokabiliyor. Belli bir özürle ya da hastalıkla doğan çocuklar için 'olduğu gibi kabul görme' daha zor bir süreç ne yazık ki. Bununla birlikte sevmediği kayınvalidesine benzediği, ailede uyuşmadığı bir akrabanın mizacına yakın olduğu için reddedilen çocuklar var.

Evren, çocukluğu boyunca 'Aynı babana benziyorsun' cümlesini duyarak büyümüştü. 'Yürüyüşün babana benziyor, baban gibi insanları kullanıyorsun, baban gibi bencilsin, baban gibi yılışıksın'... Bu cümleleri ona reva gören, kendi öz annesiydi. Boşandığı eşinin her halini kızında görüyor ve ona aktararak eşine söyleyemediklerini kızına boca ediyordu. Bu adeta annesinin duygusal sağaltma mekanizmasına dönüşmüştü. Kızının gerçekten babasına benzeyen dış görünüşü annesini her baktığında tetikliyor, şuursuzca öfkelenip kızını duygusal olarak istismar etmesine neden oluyordu. Evren için bu reddediliş büyük bir acı yüküydü.

Çocuğa *-ister varlığı ister cinsiyeti ya da mizacı için olsun-* yaşatılan her reddediş büyük bir haksızlıktır. Nitekim hiçbir çocuk annesinin beklentisi karşılamak ya da onun duygusal stres topu olmak için dünyaya gelmez. Çocuğu kabul etmemek ya da reddetmek ona yaşatılabilecek en büyük travmalardandır.

Huzursuzluk / Geçimsizlik

Deneyimsel Oyun Terapisi yaklaşımının kurucusu Byron Norton'un çok güzel bir tanımı vardır. Norton der ki, 'Bir çocuğun üç ebeveyni vardır. Annesi, babası ve annesiyle babasının ilişkisi. Ve bu üçüncü ebeveyn çocuklar üzerinde sandığımızdan daha etkilidir.'

Yıllardır bana, 'Hatice Hanım ben oyun kurmayı çok beceremem. Çocuğumla oturup evcilik oynamakta, oyun hamuru yapmakta çok iyi değilim. Bana ne önerirsiniz? Çocuğuma nasıl faydalı olabilirim' diye soran ailelere tek bir şey söyledim: 'Evdeki huzurunuza yatırım yapın!' Çünkü karıkocanın *-amiyane tabirle-* birbirini yediği, didiştiği, tahkir edici ve kötü davrandığı, yetişkinlerin gergin olduğu ortamlar *-çocuk hiç şiddet görmüyor olsa dahi-* çocuklar için travmatiktir. Nitekim çocuğun ilk ihtiyacı evindeki emniyet ve güven ortamıdır.

Aslı bir terapi odasında şunları anlatıyordu: 'Annemle babam çok huzursuz insanlardı. Muhtemelen çocukluklarına bakan yönleri vardır, bilmiyorum. Ama şunu biliyorum ki, benim iç huzurum o huzursuz çocukluk yıllarında öldü. Ne babam ne de annem şiddet gösteren insanlar değildi. Ama sürekli birbirlerine sataşırlar, laf sokarlardı. Evde devamlı gergin bir ortam vardı. Kardeşim de ben de gerilir, kaskatı kesilirdik. Annem, babam evde yokken neşeli bir kadındı. Eve babam gelince değişir, gerginleşirdi. Babam gelmesin isterdik içten içe. Allah'ım! Bir çocuk için ne kötü hisler bunlar. Yıllar sonra ne fark ettim biliyor musunuz? Hep nefesimi tutuyorum. Hâlâ öyleyim. Kendimi sürekli nefesimi tutarken yakalıyorum. Çocukken yaşadığım gergin ortamın bana mirası bu!'

Çocukluğunda huzursuz bir ortamda büyüyen çocuklar, iç huzuru eksik yetişkinlere dönüşürler. Çoğu zaman ortada elle tutulur bir sebep de yoktur. Büyük dertleri olmasa dahi içleri huzursuz ve gergindir. Çocukluk yıllarının bu travmatik örüntüsü hayatlarının normali olmuştur. Bu yüzden bazen var olan huzurlarını sabote ederler. Güzel giden evliliklerinde bilinçdışı bir seviyede huzursuzluk yaratırlar. Annelik yolculuklarına huzuru bozacak eften püften sebepler bulurlar çünkü normalleri bu olmuştur. Bu durum kişinin hayat doyumunu bozan büyük bir sıkıntıdır.

Duygusal İhmal

Duygusal ihmal ebeveynlerimizin yaptıkları ya da söyledikleri şeylerle ilgili değildir. Tam tersi, duygusal ihmal, yapılması gerektiği halde yapılmayan, söylenmesi gerektiği halde söylenmeyen şeylerdir. Çoğu yetişkin çocukluğunda yaşadığı dayağın, tacizin ya da eleştirilme, aşağılanma gibi yıkıcı dil kalıplarının farkına varabilir ama ihmalin farkına varmak en zor kısımdır. Nitekim ortada yapılan 'Annem bana şunu yapmıştı!' diyebileceğimiz bir şey yoktur. Zaten travma oluşturan şey de var olan değil, yok olan bu şeylerdir.

Zerrin okulda kötü bir gün yaşamıştı. Sınıfta her zamanki gibi bir gün geçiriyordu. Ders bitmiş, teneffüs zili çalmıştı. Tüm çocuklar neşe içinde oynamaya başlamıştı. Kimi çocuklar bahçeye koşmuşken, Zerrin gibi bazı çocuklar da sınıfta oturdular. Sınıfın içinde neşe içinde cıvıldaşan, birbiriyle şakalan üçüncü sınıf öğrencileri vardı. Birden sınıfa nöbetçi öğretmen girdi. 'Bu ne ses böyle!' diye sinirle bağırdıktan sonra, ön sırada oturan Zerrin'in sıranın üzerinde duran kitabını hışımla eline aldı ve ön iki sırada oturan çocukların başına sertçe vurdu. Zerrin ne olduğunu bile anlamamıştı. Arkadaşlarıyla oyun oynarken maruz kaldığı bu şiddet davranışı onu çok incitmişti. Eve gelince annesiyle arasında şöyle bir diyalog geçti:

– Canın sıkkın gibi gözüküyor, hayırdır?
– Ayşe öğretmenden nefret ediyorum! Kötü bir kadın o!
– Aa öyle söyleme. O senin öğretmenin sonuçta.
– Ama ne yaptığını bilmiyorsun, başıma kitapla vurdu!

- Kitapla mı vurdu? Sen ne yaptın ki?
- Hiçbir şey yapmadım. Sıramda oturuyordum!
- Olur mu hiç öyle şey, kesin bir şey yapmışsındır!
- Yapmadım işte yapmadım!
- Zerrin bağırarak konuşma benimle. Karşında annen var!
- Senden de nefret ediyorum işte! (Ağlayarak odadan çıkar)
- Dil pabuç kadar olmuş şuna bak! Tabii vurur kafana! Şu tavırlara bak hele!

Yeterince iyi ebeveynlerin dahi zaman zaman çocuklarını anlamadıkları, duygularını fark edemedikleri, duygusal ihtiyaçlarını göremedikleri zamanlar olur. Arada sırada olan bu eksiklikler çocuk tarafından genellikle tolere edilebilir. Lakin bu duygusal yoksunluk anları fazla ise ya da çocuk için çok önemli bir olayın sonucunda oluşmuş ise çocuk için travmatik birer yaşantıya dönüşür.

Zerrin, öğretmeninden gördüğü bu şiddet davranışını hak etmediğini düşünüyordu çünkü ortada ne ikaz ne de uyarı vardı. Ne olduğunu bile anlamadan canını ve onurunu acıtan bir davranışa maruz kalmıştı. Annesinden görmek istediği tutum onu anlaması, duygularını anlatmasına olanak sağlayıcı etkin bir dil kullanması idi. Bir çocuk olarak buna ihtiyacı vardı. Oysa annesi onu anlamak yerine eleştirmeyi, mantıklı açıklamalar getirmeyi, olayı öğretmeninin gözünden görmeyi seçti. Gerçek bir duygusal destek şöyle olabilirdi:

- Canın sıkkın gibi gözüküyor, hayırdır?
- Ayşe öğretmenden nefret ediyorum! Kötü bir kadın o!
- Aa hayırdır? Çok öfkelenmişsin?
- Başıma kitapla vurdu! Üstelik hak etmemiştim!
- Aaa?
- Teneffüste arkadaşlarımla oynuyordum. Birden sınıfa girdi ve başıma vurdu.

- Canım, bu olay seni çok üzmüş.
- Ve çok kızdırdı!
- Öfkeni geçirmek için sarılmak ister misin ya da yastık yumruklayabilirsin. İyi gelir.
- (Annesine sarılarak) Böyle iyi, biraz sakinleştim.
- Şimdi gel Ayşe öğretmenine telefon edip ne olduğunu birlikte öğrenelim.

Eğer Zerrin'in annesi böyle cümleler kursaydı Zerrin sakinleşmiş ve duygusal olarak ihmal edilmemiş olacaktı. Böylesi anlar yetişkin için 'küçük' gözükür ama çocuk için 'büyük' meselelerdir. Bu anların toplamı ne denli fazlaysa çocuğun ileride 'Annem vardı ama yok gibiydi' deme ihtimali artmış olur. İçte oluşan bu boşluk hissi ihmalin en görünür kanıtıdır.

Ya da bazen anne bedenen vardır ama duygusal olarak başka yerlerdedir. Çocuğunu emzirirken telefonla meşguldür, onun yanında oyun oynamak için oturmuş gibidir ama oyunun içinde değildir. Sadece çocuğunu oyalıyordur. Çocuk sohbet etmek istediğinde bakışları ve aklı başka yerdedir. Çocuğuyla sağlıklı bir göz teması kurmaz. Her şeyi bırakıp kendini çocuğuna vererek nitelikli bir iletişim kurmaz.

Kübra, çocukluğunda maruz kaldığı ihmalin bir etkisinden bahsederken, 'Ben çok hızlı konuşurum. Bazen arada nefes bile almam. Bu benim yaratılış yapım zannediyordum. Sonra şunu fark ettim. Aslında çocukken hiç dikkat verilerek dinlenmemişim. Annemin bakışları hep başka şeylerde olmuş. Bu yüzden derdimi hızlıca anlatmam gerektiğini öğrenmişim. Hâlâ bu duygudan kurtulamıyorum. Kiminle konuşursam konuşayım lafım dinlenecek kadar kıymetli değilmiş, boş konuşuyormuşum gibi hissediyorum...' demişti.

İşte bu tarz tortular duygusal ihmalin yetişkinliğe yansıyan yıkıcı taraflarıydı.

Duygusal İstismarı İyileştirme Çalışması

'Maruz kaldığın negatif tutumların acısı artık geçti küçük kız!'

Duygusal yaralar kişi için taşıması zor ve kişiliği olumsuz etkileyen yaralardır. Özellikle özgüven ve özdeğer algısı üzerinde yıkıcı etki oluştururlar. Bu çalışmada kendi değerimizi artırmaya ve özgüvenimizi onarmaya yönelik bir uygulama yapacağız.

- Kendinizle röportaj yapacakmışsınız gibi düşünün. Karşınızda bir haber muhabiri var ve siz çok meşhur birisiniz.
- Kendinize şu soruları sorun ve bir canlı yayında anlatıyormuşsunuz gibi ciddiyetle yanıtlayın:

   1. Kendinizi 10 kelimeyle tanımlayacak olsanız hangi kelimeleri seçersiniz?
   2. En iyi yaptığınız şey nedir?
   3. (En iyi yaptığınızı söylediğiniz şeyi) nasıl bu kadar iyi yapıyorsunuz? Bize püf noktalarını anlatır mısınız?
   4. Kendinizde en beğendiğiniz yönler nelerdir?
   5. İnsanlar sizi çok seviyor, sizce bunu neye borçlusunuz?
   6. Hangi özelliklerinizi çocuklarınıza miras bırakmak istersiniz?

- Duygusal istismarın yıkıcı etkileri değer ve özgüven algımızı yerle bir ederken, kendimizi bu yönlerde onarmanın yollarından biri güçlü yönlerimizi, güçlü özelliklerimizi keşfetmektir. Bu çalışma bu yönde size destek olacak.
- Çalışmayı yaparken kendinizi herkesin sevdiği, örnek aldığı, becerilerinizi alkışladığı bir yıldız gibi düşünün. Zihninizde kıyafetinizi, duruşunuzu, insanların hayran bakışlarını canlandırın. Zira zihnimiz hayalle gerçeği ayırt edemez. Hayal ettiğiniz şeyler bedeninizde gerçekmişçesine olumlu hormonal salınımlara neden olur. Bu yüzden hayal ettiğimiz şeyler, gerçeğe dönüşmesi en muhtemel şeylerdir.
- Soruları yanıtlarken kendinize dostça davranın. Var olan özelliklerinizi cömertçe anlatın. Sonuçta bu özellikler Allah'ın size taktir ettiği nimetler. Ve Yaratan (cc) verdiği nimeti kulunun üzerinde görmek ister.

GEÇMİŞ NASIL GEÇER?

Geçmişin henüz geçmemiş *-yani iç dünyamızdaki duygusal ağırlığının nötralize edilememiş-* olduğunu o anları ya da kişileri anlatırken boğazımıza takılan bir yumrudan, gözümüze hücum eden yaşlardan veya donup kalan duygularımızdan anlayabiliriz. Bazen de mizah geçmişteki acılarımızı saklamaya çalışan bir maske olarak karşımıza çıkabilir. Gerekli gereksiz gülüyor, bir yetişkin gibi değil de bir çocuk gibi davranıyor, ağır olayları yaşarken ya da anlatırken de bir espri yapma ihtiyacı hissediyorsak muhtemelen derinlerde baş edemediğimiz duygular vardır. O kapağı kaldırırsak dağılacağımızı hissettiğimiz için gülümseyerek üzerini örtüyoruzdur.

Bu noktada şunu fark edelim, geçmişimizde baş etmemiz gereken olaylar veya ebeveynlerimizin bazı yönleri muhakkak vardır. Lakin çoğunlukla baş etmemiz gereken şey tüm geçmişimiz değildir. Nitekim kimsenin geçmişi toptan kötü olmadığı gibi, geçmişimizdeki hiçbir insan da her haliyle kötü olamaz. Ebeveynlerimizin bazı tutumları bizi örselemiştir, dolayısıyla çocukluğumuzun bazı anları bizim için henüz geçmemiştir.

1. Kabul

Bu anları/olayları geçmişte bırakmanın ilk adımı varlıklarını fark etmek ve kabul etmektir. Bir olayla baş etmek için bize öğretilen şey ise genellikle, 'gör ama yok say' tutumudur. 'Aman ne geçmişi, ne iyileşmesi boş ver yaa! Millet neler yaşıyor. Çok şükür halimize. Kim uğraşacak şimdi eski travmalarla! Geçmiş bitmiş sonuçta!' dediğimiz her defa, geçmişin gerçekten geçme ihtimalini ortadan kaldırırız.

Kabul etmek, tüm bahane dolu cümleleri terk ederek ebeveynlerimizin bazı noktalarda hatalı davrandığını, canımızı yaktığını, yanlış ebeveynlik yaptığını cümlelere dökebilmektir. Olayları annemizin penceresinden anlatmayı bırakıp kendi duygularımıza odaklanabilmektir.

'Annem beni çok döverdi ama öfkesinin nedenini anlıyorum. Düşünsene, evde yaşlı aksi bir kaynana, onu anlamayan, destek olmayan bir eş, onlarca iş... Ohoo, böyle davranması çok normal!' cümlesinin aslında bir savunma mekanizması olduğunu fark edip,

'Annem beni çok döverdi. Yanlış yaptı. Hayatının yükü ne olursa olsun bunu benden çıkarmaya hakkı yoktu. Ben bir çocuktum. Onun yanında emniyette hissetmeye muhtaçtım. Bu ihtiyacımı görmedi. Görmeye de çalışmadı. Bu yanlıştı!' cümlesini kurabilmektir.

Çalışma: 'Geçmişimi Kabul Ediyorum'

- Elinize bir kâğıt kalem alıp sessiz bir köşeye oturun.
- Öncelikle gözlerinizi kapatın ve sizin için tamamen güvenli, huzurlu bir yer hayal edin. Bu yer tanıdık bir mekân olabileceği gibi hiç görmediğiniz bir hayal mekânı da olabilir.
- Güvenli yerinizin her köşesini görün. Neler var? Sağına soluna, her yanına doyasıya bakın ve tasvir edin. Bu yerin kokusu nasıl? Kokusunu içinize çekin. Kalbinize dolan huzuru ve rahatlamayı hissedin. Tüm bedeninizin adım adım rahatladığını deneyimleyin.
- Şimdi gözlerinizi açın, elinize kalemi alıp çocukluğunuza dair anneniz ve babanızla ilgili hatırladığınız beş münferit olayı 'savunma mekanizmalarından arınmış bir biçimde' kâğıda yazın. 'Ama' yazmayın. (Şöyle yapmışlardı ama...) Her şeyi iç çocuğunuzun deneyimlediği şekilde kâğıda dökün.
- Yazmanız bitince cümleleri bir defa okuyun. Sonra kâğıdı katlayıp daha sonra çıkarmak için gizli bir yere kaldırın. Bu kağıtları sonraki adımlarda kullanacağız.
- Kâğıdı kaldırdıktan sonra tekrar oturup gözlerinizi kapatın. Güvenli yerinize gidin. Etrafta dolaşın. Güvenli yerinizin kokusunu içinize çekin. Şimdi güvendesiniz. İçinize yayılan rahatlamayı hissedin.
- Her çalışmanın öncesinde ve sonrasında muhakkak güvenli yerinize gitme adımını uygulayın. Cümlelerinizi yazarken kalbinizin çok sıkıştığını hissederseniz yazmaya ara verip yine güvenli yerinize gidebilirsiniz. Orası sizin güvenli alanınız, her ihtiyaç duyduğunuzda oraya gidebilirsiniz.
- Bu çalışmayı her gün en fazla beş cümle üzerinde çalışarak devam ettirin. Cümlelerinize (içinizdeki yoğunluk) bitene değin devam edin.

2. Öfke

Kabul cümlelerimiz oluştuktan sonra şunu fark ederiz ki, bizim suçumuz değildir! Kendi üstümüze aldığımız onlarca çocukluk travması aslında ebeveynlerimizin bilinçsizliğinden ya da yeterince umursamamasından kaynaklanmıştır.

Bu farkındalığa gelmek bizi öfkelendirir çünkü bütün bu olanları hak etmemişizdir (Hiçbir çocuk hak etmez!). Bu noktada pek çoğumuz ebeveynlerine öfke duymak konusunda sıkıntı yaşar. Günah değil mi, onlar benim anam babam sonuçta diye düşünür. Oysa bu aşamadaki öfke 'yıkıcı öfke' değildir. Aslında geçmişten bugüne içimizde biriktirdiğimiz ve ebeveynlerimizle aramıza görünmez duvarlar ören yıkıcı öfkenin sağaltımı için gerekli olan faydalı bir öfkedir.

Öfke, karşı tarafa zarar verici şekilde dışa vurulduğunda yıkıcı olur. Sağlıksız ve yanlış olan bu tutumlardır. Bu nedenle çocuğumuza vurduğumuzda, onu hırpaladığımız ya da canını acıttığımızda pişman olur ve vicdan azabı çekeriz. Nitekim içten içe yaptığımızın yıkıcı ve yanlış olduğunu biliriz.

Oysa geçmişte maruz kaldığımız davranışlara öfkelenmek, o davranışların içimize akıttığı duyguları nötralize edebilmek için gereklidir. Bu duygu bir *iyileşme enerjisi* açığa çıkarır. Ebeveynlerimize öfkelendiğimizi hissettiğimizde yalnız bir odada bağırarak ağlamak, hayalen onlara kızarak konuşmak, 'Neden bana bunu yaptın!' diye sorgulamak, belki bir yastığa yumruk atmak ya da öfkemizi dışa vurmamızı sağlayacak sanat veya spor faaliyetleri yürütmek bize iyi gelir. Bütün bu adımlar öfkenin sağlıklı dışavurumudur. Nitekim bir süre sonra fark ederiz ki, artık öfkelenmiyoruz. Yaşanmasına izin verdiğimiz her duygu gelir ve geçer. Hiçbir mutluluk ömür boyu sürmez. Her yas belli bir süre gelir, misafirimiz olur ve gider. Her bir öfkeli an saniyelere yayılır, yaşanır ve söner. Duygular böyledir. Gelirler ve geçerler. Onları kalıcı ve yıkıcı kılan varlıklarını yok saymamızdır.

3. Yas

Öfke duygusu içinizde derin bir keder duygusu açığa çıkarır. Bu, kaybedilen bir çocukluk neşesinin, uğranılan istismarın ve ihmalin kederidir. Bir şeyi yok saymanın en konforlu yanı, onunla yüzleşmek zorunda kalmamaktır. Nitekim var olduğunu kabul edersek, o olaylarla birlikte açığa çıkacak acı ve üzüntüyle de baş etmemiz gerekecektir.

Bağırmayan Anneler kitabını çok uzun zaman yazamadım çünkü kitabın tüm omurgası kendi çocukluk acılarıma dayanıyordu. Ben işin teorisini bilen ve bunu annelere aktarmaya çalışan bir uzmandan ziyade, damdan düşmüş ve hâlâ ayağa kalkmak için uğraşan bir küçük kızdım. Bu yüzden kendi çocukluğumun acılarını kaleme almak zor ve ağırdı. Benzer bir zorlanmayı bu kitapta da yaşadım. Yıllardır bilgisayarımda açık olan bu dosyayı tamamlayacak gücü ancak şu gün bulabildim. Zaman içinde katman katman açılıp, kitapta size önerdiğim her bir çalışmayı yaparak kendi keder ve yas süreçlerime başladım. Bu biten bir yol olmadığı için 'bitirdim' diyemiyorum çünkü tekâmül 'oldu, bitti' denilecek bir süreç değil. Sanıyorum hayat boyu devam edecek. Ama şunu söyleyebilirim ki her yas döneminin ardından kendinizi daha güçlü, daha huzurlu, en önemlisi daha 'kendiniz' hissedeceksiniz. Zira yası tutulmuş her olay üzerinizden bıraktığınız bir yük çuvalı gibi yoğun bir hafifleme hali emanet edecek. Süreç bol gözyaşı, bol acı, bol tekâmül gerektiriyor. Bu doğru. Ama sonucu itibariyle baktığımda diyebilirim ki, bunu yaşamaya değer.

Çalışma: 'Çocukluğumun Yasını Tutuyorum'

- Kabul sürecinde, hazırladığınız cümleleri koyduğunuz yerden çıkartın.
- Sessiz bir yere oturun ve güvenli yerinize gidin. Güvenli yer çalışmasını tamamen rahat ve huzurlu hissedene kadar yapın.
- Şimdi elinize kağıtları alıp kendi cümlelerinizi, kendi sesinizle duyabileceğiniz bir şekilde okumaya başlayın.
- Karşınızda ebeveynleriniz varmış ve onları bu acınızdan haberdar ediyormuşçasına teker teker okuyun.
- İçinizden bağırmak, ağlamak...ne geliyorsa ona izin verin. Kendinizi tutmayın.
- Tüm cümleler bitince güvenli yerinize gitme çalışmasıyla son verin.
- Bu çalışmayı her gün, cümleleri okumak artık içinizi acıtmayana dek devam ettirin.

4. Affetmek

Affetmek konusunu konuştuğum pek çok arkadaşım ya da danışanım, 'Bana o kadar çektirsinler, ben de onları affedeyim! Yok öyle yağma!' ucundan, 'Ana-babaya küsmek, kin tutmak da neymiş! Dinimizde yok ki zaten böyle bir şey' ucuna kadar konuya geniş bir yelpazede yaklaşırlar. Oysa affetmek demek affedilen kişinin yaptığı yanlış tutumları yok sayıp ona bir lütufta bulunmak demek olmadığı gibi, ebeveynlerimize küsmek, kin tutmak ya da öfkelenip ilişkimizi kesmek gibi şeylerin panzehri de değildir.

Affetmek, ebeveynimizle değil *bizimle* ilgilidir. Aynı kabul, öfke ve yas gibi içinden geçtiğimiz bir duygu durumudur. Psikolojide affetmek, içimizi acıtan bir olayın duygu yükünden özgürleşmek olarak tarif edilir. Yani bir olayı hatırladığımızda kalbimiz sıkışmıyor, gözlerimiz dolmuyor, içimize derin bir keder akmıyorsa o olayla yüzleşmiş, kabul etmiş, öfke ve keder sağaltımını yaşamış ve o olaya dair nötralize olmuşuzdur. Olay hâlâ çocukluğumuzdadır ve olayı bize yaşatan kişiler değişmiş de değillerdir ama bizim olaya dair hissettiğimiz acılar artık geçmiştir. Olayı hatırlarız ama artık onun yasını tutmayız.

Şimdiye kadar anlattığım bu dört aşamayı şöyle bir olay üzerinden düşünürsek daha anlamlı gelebilir. Bir anne için en ağır olay muhakkak ki evladını kaybetmektir. Böyle bir olay yaşamış olsak hangi duygusal aşamalardan geçeriz, bir düşünelim.

Muhtemelen ilk şokla olayı inkâr ederiz (Benim çocuğum ölmedi! Hayır!).
Sonra olayın varlığını kabul eder, derin bir öfke yaşarız (Neden benim başıma geldi).
Öfkemiz, yerini çok derin bir kedere bırakır ve uzun süre evladımızın kokusunu hissederek hıçkıra hıçkıra ağlarız.
Bu keder dönemi aylar sürebilir ama sonunda görürüz ki, her acı gibi bu da küllenir.
Çocuğumuzun vefatını unutmayız ama artık hatırladığımızda ağlamayız. İşte bu, olayı kabullenme, içselleştirme ve kaderimizle barışma dönemidir.

Çocukluğumuza dair iyileşmek için de aynı dönemlerden geçmemiz şarttır. Nitekim orada da bir kayıp vardır. İhmal edilmiş, istismara uğramış, belki sevgisiz ve ilgisiz kalıp çocukluğunun neşesini yitirmiş küçük bir çocuk vardır. Ancak iç huzuruna ermek onun yasını tutarak affetme adımıyla mümkün olacaktır.

Çalışma: 'Annemi ve Babamı Affediyorum'

- Sessiz ve sakin bir ortamda gözlerinizi kapatın ve güvenli yerinize gidin. Bütün bedeninize huzur ve sakinliğin yayıldığını hissedin.
- Güvenli evinize anneniz ve babanız ziyarete gelecekler, onlar için bir yer hazırlayın.
- Güvenli yerde canınızı yakacak, sizi üzecek hiçbir şey yoktur. Orada sadece mutlak sevgi vardır.
- İçinize dolan mutlak sevgi enerjisini hissedin. Kalbinize dolup taşan bir ışık huzmesi gibi ruhunuzu kuşatan sevgi dalgasını deneyimleyin. Ve aşağıdaki cümleleri sesli olarak tekrar edin:

'Annem ve babam. Siz Allah'ın benim için seçtiklerisiniz. Var olduğunuz halinizle çok kıymetlisiniz. Benim dünyaya gelme vesilelerimsiniz. Rabbim sizin aracılığınızla beni dünyaya gönderdi, şükürler olsun. Siz benim köklerimsiniz, bağımız ve kökümüz daim olsun. Sizin bana akıttığınız sevgiyi olduğu haliyle alıyor, kabul ediyor ve şükran duyuyorum. Sizleri olduğunuz halinizle görüyor, seviyor ve kabul ediyorum.'

- Bu olumlamadan sonra anne ve babanızdan çıkan sevgi enerjisini görün. Kalbinize dolmasına izin verin. Bu sevgi enerjisiyle bütünleşin. İçinizde bitimsiz bir sevgi hissedin.
- Şimdi anne ve babanızı güvenli yerinizden uğurlayabilirsiniz.
- Yalnızsınız, rahatlayın ve siz de güvenli yerinizden ayrılın.

4. BÖLÜM:

HAYATIN İÇİNDEN TRAVMALAR

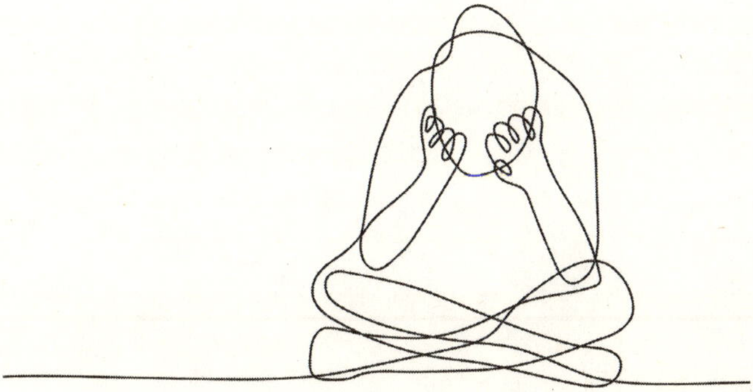

Bu bölümde
yetişkinlerin bazen bilinçsizliği,
bazen hayat şartları
bazen de hayatın serencamı nedeniyle
karşılaşabildiğimiz
yıkıcı travmalardan bahsedeceğiz.

Ve içimizdeki çocuğa diyeceğiz ki;
'Hepsi geçti küçük kız!'

HEPSİ GEÇTİ KÜÇÜK KIZ!

'İnsan en çok acılarından öğrenir.
Acı ne kadar fazlaysa öğrenme o kadar fazladır.'

Çok sevdiğim bir söz var. Der ki; 'Neyin bize ait olduğunu bilirsek, neyi geride bırakmamız gerektiğini daha kolay tespit ederiz.' Travmatik yaşantılar sonucunda oluşan acı bizimdir. Eğer hayatımızın içinden akıp gitmesine izin verirsek, bizi büyüten derin bir denize dönüşür. Bu deniz bilgelik denizidir. Ama çevresel etkilerin oluşturduğu şemalar çoğu zaman (iyi niyetli olsalar da) bizi kendimiz olmaktan uzaklaştırırlar. Olmadığımız biri gibi inanmamıza, davranmamıza, hatta hissetmemize neden olurlar. Bu şemaların iyi bir bahar temizliğine ihtiyacı vardır. Bunun için de onları fark etmemiz şarttır.

Bir önceki bölümde anlatmaya çalıştığım fiziksel, cinsel ya da duygusal istismar ve ihmal türleri çoğu zaman fark ettiğimiz yaralara sebep olur. Çünkü büyüktürler. Hayatın içinde bazı diğer travmalar vardır ki, çok büyük değil gibi gözükse de etkisi ömürlük yaralara neden olabilmektedir.

ANNE-BABADAN AYRI BÜYÜMEK

Bazen şartlar gereği çocuk anne-babasının yanında kalamaz. Ortada bir kayıp yoktur ama mecburiyetler vardır. Çocuk anneannesinin ya da babaannesinin yanında büyümek durumundadır.

Hilal ve Halil çift yumurta ikiziydiler. Hilal sağlıklı bir bebek olarak doğarken, ikizi Halil ağır bir kalp hastalığı ile doğmuştu. Babaları Eyüp Bey tır şoförüydü. Aylarca evde olmadığı oluyordu. Anne Melek

Hanım bir yandan Hilal'le ilgilenip, diğer taraftan hasta oğlunu sık sık götürmesi gereken doktor ziyaretlerini tek başına yürütemiyordu. Bu yüzden Hilal'i farklı bir şehirde yaşayan anneannesi ve dedesinin yanına gönderdi. Hilal 8 yıl anneannesinin yanında kaldı, orada büyüdü. Anne ve babasını birkaç ayda bir görebildi. Anneannesine 'anne' diye seslendi.

Hilal artık 35 yaşında iki çocuğu olan bir anne... Annesinin yaşadığı zorluğun, mecburiyetin 'bilişsel düzeyde' farkında ve annesini haklı buluyor. 'Ben de olsam aynısını yapardım muhtemelen' diyor. Fakat anne-kız ilişkisi ile ilgili bir konu olduğunda gözleri doluyor, boğazı düğüm düğüm oluyor. Derinlerde oluşamamış anne-kız bağına, annesinden ayrı büyütülmüş olmasına yoğun bir öfke duyuyor.

Bizim çocukluk yıllarımız 'Almancı' ailelerin fazlaca olduğu bir dönemdi. Pek çok ailede ya baba tek başına ya da anne ile baba birlikte çocuklarını daha sonra yanına almak niyetiyle gurbete gittiler. Aileler için bu parçalanmışlık zordu. Çocuklar için çok zordu. Kaldı ki pek çok anne baba bu olayların çocuklarında açtığı yaranın derinliğini fark edip telafi edebilecek bilinçte değildi.

Neriman 'Almancı' bir ailenin büyük kızı. Neriman henüz 5 yaşındayken anne ve babası çalışmak için Almanya'ya gittiler. Orada bir düzen kurana kadar kızlarının anneannesinde kalmasının doğru olacağını düşündüler. Almanya'ya giden ailenin iki çocuğu daha oldu. O çocuklar anne-babalarının yanında, Neriman anneannesiyle Türkiye'deydi. Neriman kendini terk edilmiş, değersiz, gözden çıkarılmış hissederek büyüdü. Bu bir çocuk için derin bir acıydı.

Her ne kadar yetişkinler 'Çocuk yıpranmasın diye onu bıraktık' diyor olsa da, bir çocuk için anne babanın yanında olmak her şartta daha doğrudur. Çocuğu etkileyeceğini düşündüğümüz ağır hayat şartları, o çocuğun birilerine bırakılması kadar yıkıcı ve acı verici etkiler bırakmaz. Bilakis zor zamanlardan 'ailece' geçme durumu çocuk için aile bağlarını güçlendiren, geliştiren, aidiyet duygusunu besleyen bir doku oluşturur.

ÇOCUĞUNDAN HABERSİZ OLMAK

Bazen yetişkinler o kadar yoğun, benmerkezci ya da bilinçsizdir ki çocuklarının dünyasında ne olduğundan habersizdirler. Okulda büyük bir sorun olur, ailenin haberi olmaz. Çocuk tehdit edilir, aile farkında değildir. Aile çocuğun öğretmeniyle, arkadaşlarıyla, hayatın kendisiyle kurduğu ilişkinin farkında bile değildir. Çocuk bedenen vardır ama anne babanın dünyasında yer etmemiş gibidir.

Yıllar önce programıma misafir olan bir narkotik polisin anlattığı şu hikâye beni derinden etkilemişti. Bir gün 18 yaş altı gençlerin madde kullandığının ihbar edildiği bir adrese gitmişler ve 5-6 genci ekip aracına bindirip sorguya götürmüşlerdi. Polis memurunun dikkatini araçtaki gençlerden biri çekmişti. Genç sürekli 'Ne olur anneme söylemeyin' diye yalvarıyordu. Polis memuru aralarında geçen şu diyaloğu anlattı:

– Kaç yaşındasın genç?
– 16
– Kaç yıldır bu maddeyi kullanıyorsun?
– Ne zaman başladım hatırlamıyorum ama 4-5 yıldır bağımlıyım!
– Ailen biliyor mu?
– Hayır, haberleri yok! Ne olur söylemeyin!

Narkotik polis memuru şu tespiti yapmıştı. 'Hatice Hanım, bu çocuk 10-11 yaşından beri bağımlıyım diyor. Demek ki daha önce kullanmaya başlamış. Daha çocuk yaşta, ailesinin yanındayken başlamış. Ve aile hiç fark etmemiş. Elbette insan çocuğuna bunu yakıştırmaz, hemen bakıp

'Bu çocuk madde kullanıyor' diyemez. Ama bir kerecik gözlerinin içine baksalar, biraz sohbet etseler ters giden bir şeyler olduğunu anlarlardı.'

Ne yazık ki ülkemiz çocuğunun kaçıncı sınıfa gittiğini bile bilmeyen babalarla, çocuğunun yaşadığı olayları az çok bilse bile bu olayların çocuğun dünyasında oluşturduğu etkiyi fark edemeyen annelerle dolu. Bilinmemek, görülmemek, hissedilmemek bir çocuk için çok ağır bir deneyim.

CEZAYI TERBİYE ZANNETMEK

Bazı ebeveynler çocuğuna kızmaz, bağırmaz, dövmez ama ağır ve travmatik cezalar verirler.

Nazire'nin babası doktordu. Yoğun bir iş temposu vardı. 4 kardeşli bir evi annesi çekip çeviriyor gibiydi. Babası çoğunlukla ortalarda yoktu. Anne Mihriban Hanım çocuklarına sevgiyle bir şey yaptırmanın uzun soluklu ve enerji gerektiren bir yöntem olduğunu erken fark etmişti. Çocukları susturmak, iş yaptırmak, iş birliğine teşvik etmek için en kestirme yol 'korkutmaktı'. Küçükken iğneyle, öcüyle korkutulan Nazire ve kardeşleri yaşları büyüyüp iğneciden korkmaz hale gelince anneleri Mihriban Hanım farklı bir yol bulmuştu. Ne zaman sözü dinlenmese, evde sesler yükselse ya da çocuklar annelerinin sözüne bir şekilde cevap verse Mihriban Hanım onları evlerinin alt katındaki kilere kilitliyor, saatlerce karanlık kilerde durmakla cezalandırıyordu. Yıllar sonra bir terapi odasında karanlık fobisini çalışan Nazire'nin çocukluğunda çok karanlık cezalar olduğu ortaya çıkmıştı.

YABANCI İNSANLA KORKUTMAK

Çocukların ilk ve en büyük ankisiyetesi terkedilmektir. Çocuk büyürken annesinden ayrı bir birey olduğunu fark ettikçe sarsılır. Bu durum hem onun özerkliğinin zaferidir hem de 'Ben annem değilim, yalnızım, kendimim' farkındalığının kaygısıdır. Çocuk büyüdükçe ayrılık kaygısı memeden ayrılma, bezden ayrılma, anne odasından ayrılma, okula gidip evden ayrılma gibi süreçlerle yükselir. Bazı ebeveyn tutumları çocuktaki bu doğal kaygı sürecini travmatize eder niteliktedir.

Sena küçükken ara sıra evlerine gelen uzak bir akrabaları vardı. Naim dayı denilen bu kişi ne zaman Senalara ziyarete gelse zorla onu öpüp sevmeye çalışır, muhakkak birkaç defa 'Benim kızım yok. Seni bana versinler, giderken götüreyim' deyip Sena'yı korkuturdu. Sena kendi için travmatik bu cümleler karşısında anne babasının gülerek karşılık vermesine çok içerlerdi.

Seni amcaya veririm, çingeneler kaçırır, bu amca seni götürür, elimi tutmazsan şuradaki teyze seni benden alır gibi yetişkin dünyası için çok anlamsız korkutma cümleleri, çocuğun var olan terkedilme korkusunu tetikler. Çocuğu travmatize edecek etkiler oluşturur. Yetişkinlerin çoğu zaman fark edemediği şey şudur; bizim için küçük olan bazı şeyler çocuk için çok büyüktür.

ÇOCUĞUN ÖZELİNİ HİÇE SAYMAK

Bir sabah evi toparlarken masanın üzerindeki kullanılmış kâğıt öbeğini öylece toplayıp geri dönüşüm kutusuna attım. Sonra içeri odalara geçip işime devam ettim. O sırada oğlum uyanmış, içeride bir şeyler arıyordu. 'Anne yaptığım resimler nerede' diye sordu. Görmedim, dedim. Buradaydı, dedi, masanın üzerindeydi! O an çöpe atmış olabileceğimi fark edip 'Aa sabah toplarken geri dönüşüme kağıt attım ama onların arasında mıydı bilmiyorum' dedim. Yanağıma tokat gibi inen şu cevabı aldım:

'Ben senin masanın üzerindeki şeyleri sana sormadan alıp çöpe atsam ne hissederdin anne?!'

Bizim için basit, çocuklar için önemli olan konulardan biri de bu sanıyorum. Özel alana ve eşyalara saygı duymak... Nitekim çocuklarımızın bir birey olduğunu fark etmenin ve onun dünyasındaki şeylerin bizim için de önemli olduğunu hissettirmenin önemli yollarından biri de bu.

Burcu ergen terapisi için danışmana getirildiğinde ne kadar asi, uyumsuz ve tepkisel olduğundan dert yanan ebeveynleri vardı. Burcu ise ebeveynlerinin hep kendileri için doğrulardan bahsettiğinden, onun olan şeylere hiç değer vermediklerinden, güya evde bir odası olduğu fakat odanın her detayıyla annesinin ilgilendiğinden, odasının duvarına istediği bir posteri dahi asamadığından bahsederken 'Bana saygısız diyorlar ama asıl bana saygı duymayan kendileri!' diyordu.

Çocukken kedileri çok severdim. Hep kedi beslemek isterdim ama annem izin vermezdi. Ben de çocuk aklımla dayanamaz bazen sokakta bulduğum yavru kedileri eve getirip süt verirdim. Babam o sevgi dolu halime kıyamayıp anneme rağmen 'İyi bari kedi kalsın' dediğinde annem hep aynı numarayı yapardı. Ben okuldayken kediyi dışarı atardı. Eve dönüp kediyi sorduğumda ise 'Balkondan atlayıp kaçtı' derdi. Yıllar sonra 'Sen okuldayken götürüp çarşıya bırakıyordum. Kalabalığa koyuyordum ki geri dönemesin' diye yaptığı planı anlatmıştı. Eve dönüp bağ kurduğu kedisini bulamayan çocukluğumun hissettiği duygu ise ihanete uğramışlık, değersizlik ve saygı duyulmamaktı.

ÇOCUĞU YAŞINI AŞAN SOHBETLERE MARUZ BIRAKMAK

Çocukluk yıllarımız çoğunlukla herkesin aynı odada oturduğu sobalı evlerde geçti. Bu durumun aile içinde beraberliği sağlayan şahane kazanımları olduğu gibi, yaşımızın çok üzerinde yetişkin sohbetlerine bizleri maruz bırakan travmatik tarafları da vardı.

Benim çocukluğum alt kat komşumuzun kendisine büyü yapmış (!) kayınvalidesinin sebep olduğunu söylediği cin hikayelerini dinleyerek geçti. Komşumuz anneme ağlayarak gördüğü ve duyduğu cinleri anlatırken küçücük bir çocuk olan ben odadaydım. Kimse beni odadan çıkarmadı, sen bunları duyma demedi, beni diğer odaya yönlendirmedi. Yıllar boyu duyduğum bu korkunç hikayeler, yine yıllar boyu süren evde yalnız kalamama, yalnız başıma uyuyamama durumları ortaya çıkardı. Hala evde kimse olmadığında duyduğum tedirginlik o yıllardan bana kalan yıkıcı bir miras.

Korku ve vesvese öyle kol kola geçmiş iki dosttur ki, korktukça vesvese üretir vesveseniz arttıkça daha çok korkarsınız. Bu edimsel bir koşullanma döngüsüdür. Korktuğunuz şeyler arttıkça ve siz bununla baş edemediğinizi gördükçe kendinize olan inancınızı ve güveninizi yitirirsiniz. Bazen bazı korkuların yersiz olduğunu, bunun bir vesvese olduğunu bildiğiniz halde çocukluk yıllarınızda öyle derin kökleri vardır ki, baş edemezsiniz. Bu durum özgüveninizi yerle bir eder.

Çocukken maruz kalınan bu ve benzeri öyküler çocukların var oluşlarının farkında olmayan yetişkinlerin eseridirler. Çocuğun kokabileceği ya da bu öykülerden etkilenebileceği akla dahi gelmiyordur. Bu bir ihmaldir. Ve etkisi yıllarca süren pek çok travmatik durumun tohumu olabilmektedir.

ÇOCUĞU BEDENİYLE UTANDIRMAK

Buluğ çağı çocuklar için belli utanç alanlarını da beraberinde getirir. Çocuğun hızla değişen bedeni, onun için alışılması zaman alan pek çok farklı durumu içinde barındırır. Genç kızlığa geçiş göğüslerin büyümesi, vücudun tüylenmesi, yüzde çıkan sivilceler ve nihayetinde regl olma durumu gibi aşamalardan oluşur. Bu aşamalar gençliğe yürüyen kız çocuğu için duygusal destek gerektiren süreçlerdir.

Ne yazık ki kültürümüzde buluğ çağına geçişte süregelen bazı uygulamalar genç kızlarda zaten yaşanması muhtemel olan utanç duygusunu derinleştirir niteliktedir.

Zeynep lavaboya gittiğinde regl olduğunu fark etti. Bunun ne olduğunu bilmiyordu. Annesi bu konuda ona bilgi vermemişti. Bu yüzden çamaşırında gördüğü kan onu çok korkuttu. Dehşet içinde lavabodan dışarı çıkıp annesine durumu anlattı. Anne Metanet Hanım, Zeynep'in beklemediği bir şekilde kızına sert bir tokat attı. Zeynep neye uğradığını şaşırmıştı. Zaten ne olduğunu bilmediği için deli gibi korktuğu bir anda bir de annesinden tokat yemişti. Annesi Metanet Hanım ise bir yandan gülüyor, bir yandan 'Hadi bakalım artık kirlendin!' diyordu. Zeynep korku ve 'kirlenmek' tanımının verdiği utançla birlikte ağlamaya başladı.

Küçük kız çocuklarının pek çoğu yaşadıkları bedensel değişimleri 'ayıp, yasak, kirli' tanımlarıyla aynı cümlelerde duyarak büyürler. Bu nedenle derin utanç duyguları vardır. Kadın olmanın güzelliğini hissedemeden büyümek, bu halden utanmak ve gizleme ihtiyacı hissetmek bir kız çocuğu için derin bir travmadır.

ÇOCUĞU ANNESİNİN EZİLMESİNE ŞAHİT TUTMAK

Kız çocukları için annesinin kim olduğu çok önemlidir. Zira kendi cinsel kimliğiyle özdeşim kurabileceği ilk yetişkin figürü annedir. Yapılan araştırmalar özgüveni yüksek, yaşam doyumu var olan, pozitif bir anne figürünün kız çocuğunun sağlıklı gelişimine büyük bir katma değer sağladığını ifade etmektedir.

Fakat bazı ailelerde kadın ezilendir. Bazen eşinin zulmü altında şiddet gören, bazen de aile büyükleri tarafından itilip kakılan, kale alınmayan anneler vardır. Bu durum, çocuk hiç şiddet yaşamasa dahi travmatiktir.

Mediha evlendiğinde kayınvalidesiyle yaşamaya başladı. Sonra anne oldu. Kayınvalidesi detaycı, mükemmeli bekleyen, dominant bir hanımdı. Daha 25 yaşında olan Mediha'nın eksiklerini yıkıcı bir biçimde eleştiriyor ve akşam aile sofralarında 'Senin bu karın bi işi beceremiyor. Ben başınızda olmasam dağılır gidersiniz. Bu çocuklar perişan olur' diyerek annelerini çocuklarının önünde küçük düşürüyordu. Çocuklar defalarca annelerinin ağlayışına, ses çıkaramayışına, ezilişine tanık olmuşlardı. İçlerinde derin bir öfke ve çaresizlik hissi vardı.

Anneleri babalarından ya da aile büyüklerinden şiddet gören ve bundan kurtulmak için hiçbir şey yapmayan 'silik' kadınların çocuklarıyla yapılan söyleşiler çocukların en az şiddet gösteren kişiler kadar annelerine de öfkeli olduklarını göstermektedir. Neden hiçbir şey yapmadı, neden sessiz kaldı, neden kurtulmayı denemedi soruları çocukların annelerine dair birikmiş öfkelerini ifade ederken kullandığı temel sorulardandır.

KORUNMAYA MUHTAÇ HALDEYKEN ÇOCUĞU KORUMAMAK

Terapi odalarında çocukluklarına dönen yetişkinlerin ortaya koyduğu travmatik hatıraların bazılarında 'korunma ihtiyacının karşılanmaması' vardır. Nitekim bir çocuğu kötülüklerden korumak önemli bir ebeveynlik görevidir. Ama ne yazık ki bazı çocuklar bunu yaşayamadan büyürler.

Sude'nin çocukluk hatıralarında anne ve babası hakkında unutamadığı pek çok örüntü vardı. Bunlardan en içini acıtanı ebeveynleri tarafından başkalarına karşı korunmamaktı.

'Bir gün arkadaşlarımla bahçede top oynarken topumuz Müzeyyen teyzenin çiçeklerine gitti ve çiçeklerin pek çoğu zarar gördü. Müzeyyen teyze balkona çıkıp bağırmaya başladı. Bununla da kalmadı ve yanımıza gelip kulağımızdan çekip bizi tartakladı. Ses büyüyünce bizlerin de ebeveynleri bahçeye indi. Arkadaşım Meva'nın annesi 'Müzeyyen Hanım sakin olun, ben Meva'nın isteyerek bir zarar vermeyeceğini biliyorum. Bir kazadır, olmuştur. Kaldı ki, kızımın kulağını çekemezsiniz. Böyle bir hakkınız yok! derken, benim annemin ilk tepkisi 'Ne yaptın yine?!' diye beni azarlamak olmuştu. Ve bu tutumu hayatım boyunca devam etti. Bugün hala eşimle tartışsak, benim değil eşimin annesiymiş gibi 'Kocana şöyle davran, bunu yap, susup itaat et' diye bana akıl vermeye başlar. Bir kere bile beni koruduğunu, 'Kızım haklıdır' dediğini duymadım.'

Çocuğun öğretmenleriyle konuşurken çocuk orada yokmuşçasına 'Eti senin kemiği benim' demek, arkadaşlarıyla, kardeşleriyle, diğer kişilerle olan problemleri dinlerken 'Sen ne yaptın?!' tavrı takınmak, çocuğun tarafını tutmamak, korumamak çocukluk yıllarında terk edilmişlik duygusuyla eş değer acılara sebep olmaktadır.

ÇOCUĞU KAYBETMEK

Pek çoğumuzun çocukluğunda bir 'kayıp' öyküsü vardır. Özellikle ebeveynlerin alışveriş yaptığı zamanlarda farkındalıklarını çocuğun üzerinden çekmeleri birkaç dakika için bile olsa çocuğun gözden kaybolmasına neden olabilmektedir. Bizim için birkaç dakika süren kayıp anları, çocuk için bir ömür gibidir.

Nurşen Pazar alışverişini yapmak için 5 yaşındaki kızıyla pazara çıkmıştı. Domatesleri seçtikten sonra Pazar arabasını alıp diğer tezgâha geçti. Bu sırada kızının oyuna dalıp annesinin gittiğini fark etmediğini göremedi. Harıl harıl alışverişine devam ettiği bir sırada arkasına dönüp kızı İrem'e baktı, kızı yoktu! Beyninden vurulmuşçasına bir aşağı bir yukarı yürüyüp pazarda kızını aramaya başladı. İrem ise annesinden çok daha önce kaybolduğunu fark etmiş, ağlayarak annesini aramaya başlamıştı. O kadar küçüktü ki, pazardaki herkes onun için kocaman gözüküyordu. Görebildiği şey sadece bacaklardı. Annesinin yeşil tuniğini bulmaya çalışırken içine derin bir yalnızlık duygusu çökmüştü. Bu duygu bir çocuk için çok ağırdı!

İrem'le annesi sonunda buluşmuş olsa da kaybolan çocuğu azarlamak, her ne kadar çocuğa sahip çıkmak yetişkinin sorumluluğu olsa da bu sorumluluğu çocuğa yüklercesine onu dövüp azarlamak bizim kültürümüzün yıkıcı tutumlarındandır. Pek çoğumuz gibi İrem de bunu yaşadı. Zira yanında ona duygusal destek verip yaşadığı korku ve kaygıyı sakinleştirecek bir ebeveyn yoktu, kendi korkusuna odaklanıp çocuğunu fark edemeyen bir annesi vardı.

ÇOCUKLARI EVDE YALNIZ BIRAKMAK

Seda ve Metin küçük bir kasabadan üç çocuklarıyla İstanbul'a geldiklerinde tek bir hedefleri vardı: 'Mal edinip hem kendilerinin hem de çocuklarının geleceğini garanti altına almak!' Bu adanmış bir hayat demekti. Zira karı-koca gece gündüz demeden çalışıyorlardı. Dışarıdan bakıldığında 'Ne vefakâr bir ana baba' gibi gözükse de işin iç yüzünde çocuklar büyük travmalar yaşıyorlardı.

Seda ve Metin'in çocukları 6,4 ve 2 yaşındaydılar. Anne ve babaları sabah kahvaltılarını masaya koyup, gün boyu yiyecekleri yemeği tezgâha bıraktıktan sonra televizyonu açıyor, kapıyı üstlerine kilitleyip işe gidiyorlardı. Saatler boyu evde olmadıklarında evin emanetçisi 6 yaşındaki Aysun'du. Çocuğa çocuk emanet edip her birini ayrı ayrı ağır yüklere ve tehlikelere maruz bırakan bu ebeveynler büyük bir hata içindeydiler. Ama kendi hedefleri ve gayretleri çocuklarının ihtiyaçlarını fark edemeyecekleri kadar önemli gözüküyordu.

ÇOCUĞUN DUYGULARINI FARK ETMEMEK

Hayat bu; her birimiz bazen korkarız, endişe duyarız, üzülürüz, kaygılanırız. Özellikle çocukluk yıllarımızda bu yoğun duyguları yaşadığımızda ebeveynlerimiz tarafından sakinleştirilmeye, duygusal olarak desteklenmeye muhtaç oluruz. Bu olmadığında yaşadığımız o derin duygu bir travmatik yaşantıya dönüşür.

Melda 6 yaşındaydı. Salon masasında boyama yaptığı bir sırada aniden deprem olmaya başladı. Ev sarsılıyor, boya kalemleri yere düşüyordu. Öyle korktu ki ne yapacağını bilemedi. Gözü annesini aradı. Zar zor yürüyerek 'Anneee' diye ağlamaya, ona sığınmaya çalıştı. Annesi o sırada korkuyla secdeye kapanmış haldeydi. Dua ediyordu. Kendine sığınmaya ihtiyaç duyan kızını fark etmemişti.

Çocuklu olmak demek en az kendini ve duygularını fark ettiğin kadar çocuğunu görmek, çocuğunu fark etmek, onun duygularına eşlik etmek demektir. Çocuğumuzu görmezsek, kendimize odaklı olursak, ona duygusal rehberlik etmemiz mümkün olmaz. Bu da duygusal ihmali ortaya çıkaracaktır. Bugün 36 yaşında olan Dilek anlatıyor:

'Gölcük depremini İstanbul'da yaşadım. O sıralar 15 yaşındaydım. Deprem gece olduğu için uykudaydım. Depremin sarsıntısıyla değil, annemin tekbir getiren çığlıklarıyla uyandım. Ve çok korktum. Hala tekbir sesleri duyduğumda içimi bir korku kaplıyor.'

KOMŞU / AKRABA ÇOCUKLARINI KAPALI BİR ODADA YALNIZ BIRAKMAK

Nihal 8 yaşındaydı. Komşularının kızı Kübra 13 yaşındaydı. Sık sık buluşup oyun oynarlardı. Bir gün Nihal'in annesi pazara çıkıp iki arkadaşı evde yalnız bıraktı. Kübra Nihal'e karı-kocacılık oynamayı teklif etti. İki arkadaş kıyafetlerini çıkarıp özel bölgelerine baktılar, vücutlarına dokundular. Yıllar sonra başka bir sebeple danışmanlık alan Nihal çocukluğunda maruz kaldığı bu cinsel oyundan utandığını, rahatsız olduğunu ifade ediyordu.

Küçük çocuklar belli yaşlardan sonra (çoğunlukla ergenliğe yaklaştıkça) cinsel konulara merak duyarlar. Özellikle günümüzün bol uyaranlı çevresel etkileri çocukları ne yazık ki küçük yaşlarda bu konulara karşı merak duyar hale getiriyor. Yaşları yakın ya da aynı olan çocukların aralarında geçen bu cinsel içerikli davranışlara cinsel oyun denir. Cinsel oyunlar çocuk için zararlı ve travmatiktir. Ebeveynlerin görevi başta ayrı cinsiyette olan kardeşleri, sonra mümkünse aynı cinsiyette olsa dahi yaş farkı olan kardeşleri ayrı odalarda bulundurarak mahrem alanı muhafaza etmektir. Bununla birlikte komşu, kuzen, arkadaş... fark etmeden çocuklar aynı örtünün altında yatırılmamalı, aynı odada yalnız başlarına bırakılmamalıdır.

Birinci Çalışma: 'Kendi Hayatımın Kontrolü Benim Elimde'

- Sessiz ve sakin bir ortamda gözlerinizi kapatın ve güvenli yerinize gidin. Bütün bedeninize huzur ve sakinliğin yayıldığını hissedin.
- Karşınızda bir sinema perdesi hayal edin. Bu perdede sizin hayatınızdan sahneler oynayacak.
- Canınızı acıtan bir anı belirleyin. Perdede o anı yavaşça oynamaya başlasın. Tam içinizi acıtan ana gelmişken filmi durdurun. Sinema sahnesine yetişkin halinizle siz geçin ve küçük halinize zarar verecek kişinin davranışına izin vermeyin. Onu durdurun.
- Travmanız her ne ise yetişkin haliniz çocukluğunuzu bu filmde korusun. Çocukluğunuz zarar görmesin.
- Bu imajinasyonu acı dolu her hatıranız için zaman zaman tekrar edin.

İkinci Çalışma: 'Kendi çocukluğumu baştan yazıyorum'

- Sessiz ve sakin bir ortamda gözlerinizi kapatın ve güvenli yerinize gidin. Bütün bedeninize huzur ve sakinliğin yayıldığını hissedin.
- Rahat ve güvende hissettiğiniz bu anda zihinsel bir yazarlık yolculuğuna çıkacağız.
- Zihnimiz hayal ile gerçeği ayırt edemez. Güzel şeyler hayal ederek, zihnimizi o güzel şeylerin gerçekten yaşandığına kolayca ikna edebiliriz.
- Gözlerinizi kapatıp hayalinizdeki çocukluğu izleyin. Çocuk halinizi görün. Kahkahalar atarak parkta oynadığını, annesiyle oyunlar kurduğunu, sarıldığını, beraber mutlu oldukları bir çocukluk hayal edin.
- Bırakın tüm bu mutluluk içinize yayılsın.
- Hayal dünyanızda kimse sizi üzemez, kıramaz, canınızı yakamaz. Mutluluğun hayaliyle mutluluğunuzu gerçeğe tebdil edin.

Üçüncü Çalışma: 'Güçlüyüm, mutluyum, huzurluyum'

- Kendimize fısıldadığımız olumlamalar zihnimizde birikmiş olumsuz şemaların ve yüreğimizde birikmiş acıların ve dahi onların neden olduğu öz güven eksikliğinin onarımı için büyük bir yardımcıdır.
- Hangi konuda acı, eksiklik ya da destek istiyorsanız o konuya yoğunlaşın.
- Her gece yatmadan önce taze bir niyetle abdest alın.
- Yatağa girip niyetinizi bir olumlama olarak 20 defa tekrar edin.
- Örneğin özgüveninizin eksik olduğunu düşünüyorsanız 'Her halimle kendime güveniyor ve kendimi kabul ediyorum' olumlamasını kullanabilirsiniz.
- Olumlamalarda önemli olan pozitif dil kalıbıyla ve şimdiki zamanı içeren bir zaman kipiyle konuşmaktır. Gelecekte mutlu olacağım ya da mutsuz değilim gibi cümleler yerine 'Ben mutluyum, mutluluğu her zerremde hissediyor ve Rabbimin bana gönderdiği mutluluk enerjisine tüm kapılarımı açıyorum' şeklinde olumlamalar kullanabiliriz.

5. BÖLÜM:

KENDİ KENDİNİN EBEVEYNİ OLMAK

Bu bölümde iyileşebilmenin dört bileşeninden bahsedeceğiz.

Kendi kendini geliştirip büyümeye hazır mısın güzel anne?

KENDİ KENDİNİN EBEVEYNİ OLMAK

'Bir insanın başka bir insanı koşulsuzca sevmesinden daha zor olan tek şey, kendini koşulsuzca sevebilmesidir.'
Jacob Needleman

Çocukluğumuzda ebeveynimizin bize katması gereken temelde dört beceri alanı vardır.

1. Özkabul (Var olduğun halinle seni kabul ediyorum)
2. Özgüven (Var olan yeteneklerini ortaya koyma becerine inanıyorum)
3. Özdisiplin (Sınırlarını fark etmen ve onlara uyman konusunda seni destekliyorum)
4. Özşefkat (Seni sadece 'sen' olduğun için koşulsuz seviyorum/sevilmeye layık biri olduğunu düşünüyorum)

Bu temel kazanımlar çocukluğumuzda ebeveynimizden bize yansır. Onların gözünden kendimizi görürüz. Örneğin var olduğun halinle seni kabul ediyorum diyen (yani yaşayarak bunu çocuğuna hissettiren) bir ebeveyn çocuğunun kendi var oluşuyla barışık bir biçimde yetişkinliğe yürümesini sağlar.

Çocukluğunda ağır travmalar bulunan ya da duygusal istismar ve ihmale sürekli maruz kalanlarımızda bu alanların biri ya da birden fazlası zarar görmüştür. Bu nedenle yetişkinliğimiz huzursuz, öfkeli, tahammülsüz, özgüvensiz bir hale bürünür. Şimdi gelin bu dört alanın ne olduğundan ve bugün eksik alanlarımızı nasıl onaracağımızdan bahsedelim.

1. Özkabul

Özkabul, en yalın haliyle kişinin kendini var olan ve olmayan, güçlü olan ve zayıf olan, kusursuz ya da hatalı tüm yönleriyle kabul edebilme becerisidir. Bu becerinin gelişimi ilk olarak çocuğun yeteneklerini keşfetmeye başladığı ve bir özerklik çabası içine girdiği 1-3 yaşta başlar. Bu yaş aralığında çocuk 'kendi' olmayı öğrenir. Yürümeye, konuşmaya, nesneleri manipüle etmeye başlamasıyla birlikte 'kendi' olarak neler yapabildiğini ve neler yapamadığını adım adım deneyimlemeye başlar. Bu dönemde duyduğu temel ihtiyaç, annesinin yaptıkları için onu taltif etmesi, gayreti için onu teşvik etmesi, yapamadıkları için koşulsuzca kabul etmesidir.

Nil, yaşıtlarına göre geç yürümüş, geç konuşmuş bir çocuktu. Annesi telaşlıydı. Her bir gelişim sürecinde içini kemiren, 'Ya yapamazsa' endişesinden kurtulamıyordu. Bu yüzden telaşlı bir biçimde çocuğunun 'yapabilirliklerini' artırmaya çalışıyordu. Bir sürü eğitim seti, eğitim oyuncağı almıştı. İnternetten gelişimine destek olacak oyunlar buluyor, kızına bu oyunları oynatmak için gergin bir beden diliyle baskı uyguluyordu.

'Böyle olacak dedim kızım! Görmüyor musun nasıl boyuyorum?!'
'Baksana videodaki çocuğa, nasıl atlıyor ipin üzerinden. İşte öyle yapmanı istiyorum!'
'Kızım hadi benden sonra tekrar et! Gü-neş! Gü-neş! Hadi söylesene kızım, bırak şimdi bebekle oynamayı!'

Annesinin bu gergin hali Nil'i iyiden iyiye geriletmiş, stres altında öğrenme mümkün olamadığı için etkinliklere karşılık veremez hale getirmişti. Annesi evlerine gelen eşe dosta sürekli evde yaptıkları etkinlikleri anlatıyor, yanlarında konuşulanları duyan yavrusuna, 'Ben çok çaba harcıyorum. Bu kız benim gayretime rağmen böyle. Ben gayretliyim, eksik olan o' mesajı vermeye devam ediyordu.

Aradan yıllar geçti. Geç de olsa Nil konuştu, yürüdü, koştu, türlü etkinlikleri yapar hale geldi. Nil'in annesi *-çevrenin de pohpohlayan cümleleriyle-* 'Kızım yapabiliyor çünkü ben öğrettim. Ben emek verdim. Ben gösterdim. Başarılı olan benim' madalyalarını kendine almaya devam etti. Bütün bu süreçte kızının kendine olan değer anlayışını ve saygısını yerle bir ettiğinin farkında değildi.

Nil 26 yaşında girdiği terapi odasında, 'Annemin bu tavırları kendimi bir hiç olarak hissettiriyordu. Ben okuyordum, annem beni okutmuş oluyordu. Ben odamı topluyordum, annem bana toplatmış oluyordu. Ben taktir alıyordum, annem beni çalıştırmış oluyordu. Başarılar hep onundu. Ben hep başarısız, beceriksiz, yetersiz olandım' cümleleriyle ifade ediyordu. Nil'in terapiye gelme nedeni tam da buydu; kendini beğenmiyor, sevmiyor, kendi varoluşunu kabul edemiyordu. Bir hata yaptığında depresif hallere bürünüyor, yaptığı işler konusunda kendini tebrik edemiyor, her daim bağımlı olacağı bir ilişki örüntüsü arıyordu. Bu bağımlılığa muhtaçtı. 'Ben yaptım' diyemediği için, bu yaşına kadar 'Bunun sayesinde yaptım' diyeceği kişilere muhtaç olmuştu.

Özkabul öyle temel bir ihtiyaçtır ki, bu değere sahip olamayan kişiler hayata gelme amaçlarını bilmeyen, 'Ben olsam ne olur, ölsem ne olur' pesimistliğine ruhlarını hapseden, varoluş değerinin hakkını veremeyen bireylere dönüşürler. Bu, acı ve ıstırap verici bir şemadır. Ağır eleştiri diline sahip olan, narsisistik bir kişilik yapısı bulunan ya da mükemmeliyetçi annelerin çocukları çoğunlukla özkabul becerisinden yoksundurlar. Ya da cinsiyetiyle, görüntüsüyle, becerileriyle kabul görmeyen çocuklar bu şemadan çoğunlukla yoksun olurlar.

Aşağıdaki cümleleri teker teker okuyun. Her okuduğunuz cümlenin ardından gözlerinizi kapatıp bedeninize odaklanın. Bu cümle sizin için uygun mu? Aşina geliyor mu? Yoksa bu cümlede tarif edilen insana uzak mısınız? Hissetmeye çalışın.

1. Ben yaratılmamış olsaydım hayat yap-bozu eksik kalırdı.
2. Ben bu dünya için önemli bir insanım.
3. Ben ailem için önemli bir insanım.
4. Ben eşim için önemli/yeri doldurulamaz bir insanım.
5. Ben çocuklarım için var olduğum halimle oldukça kıymetli ve önemli bir anneyim.
6. Var olan yeteneklerim insanların yararına oldukça kıymetli ve önemliler.
7. Zayıf yanlarımı geliştirebilecek gücüm var.
8. Zayıf yanlarımın olması beni zayıf bir insan yapmaz, sadece insan yapar.
9. İyi ki kadınım!
10. İyi ki gözüm, ağzım, burnum ve yaratılmış bütün azalarım aynen oldukları gibi. Ben, bana verilen halimle çok güzel ve kıymetliyim.

Eğer bu cümleleri okuduğunuzda içinize bir huzur yayılıyor, yüreğinizde bir genişleme oluyor, kendinizi gayet aşina ve rahat hissediyorsanız özkabul alanınızda bir sıkıntı yok demektir. Ama tam tersi içiniz daralıyor, sanki size ait olmayan cümleler okunuyor, kalbinize bir ağırlık çöküyorsa bu alanda çalışmalar yapmaya ihtiyaç duyduğunuzu söyleyebiliriz.

Özkabul Alanını Geliştirmek, Dönüştürmek, İyileştirmek

Öncelikle şunu söylemenin mutluluğunu yaşıyorum ki, çocukluğumuzda eksik kalmış her bir şema yetişkinlik yıllarımızda değiştirilebilir ve geliştirilebilir. Bunun için sadece gayret, emek, aktif sabır gerekir. Yıllardır üzerimizde taşıdığımız negatifliklerin ağırlığını düşününce, sanıyorum biraz emek vermek hiçbirimize zor gelmeyecektir. En azından 'Denemeye/uğraşmaya değer' diye düşündüğümüzden şüphem yok.

Özkabul, pek çok alt başlıkta kendini gösterebilir. Burada birkaç başlık üzerinden örnek çalışmalar yapacağız. Eğer bu başlıklar size uyuyorsa bu çalışmaları aynı şekilde yapabilirsiniz. Hatırladığınız farklı kabulsüzlük alanlarınız varsa çalışmayı o alana göre uyarlayabilirsiniz.

Birinci Çalışma: 'Varlığımı Fark ediyorum'

Çocukluğunda adeta yok sayılmış, fikri, düşüncesi hiç sorulmamış, isteklerine değer verilmemiş, varlığı da yokluğu da bir olmuş çocuklar kendi varoluşlarını ortaya koyamazlar. Böylesi bir çocukluk geçirmiş Filiz, yaşadığı yokluk hissini şöyle ifade ediyordu: *'Sanki filmlerde yarı saydam gösterilen hayaletler gibiyim. Evde var mıyım, yok muyum annem için belli değil.'*

Bu duygudan kurtulmak için beden ve ruh farkındalığı çalışması yapmak oldukça faydalıdır. Zira küçük bebeklerin kucaklanma ve gözlerinin içine bakılma ihtiyacı da buradan gelir. Anne, bebeğini kucaklayıp gözlerinin içine baktıkça, bedenini hisseden bebek varlığını fark eder, annesinin gözüne değen ruhuyla da ruhsal bir farkındalığa erişir.

- Bedeninizi saran bir salıncak alın. (Sarılan salıncak/duyu bütünleme salıncağı olarak geçer). Evinizin balkonuna, bir odasına ya da varsa bahçenize monte edebilirsiniz. Her gün 15 dakika salıncağa oturun. Salıncağın sizi saran yapısını annenizin kolları olarak düşünün. Bırakın sizi şefkatle sarsın. Salıncağın değdiği her bir noktayı hissedin. Dikkatinizi bedeninizin uyarılan bölümlerine verin. Varlığınızı fark edin.
- Aynı çalışma masajla da sağlanabilir. İmkânınız varsa haftada iki gün profesyonel masaj yaptırabilirsiniz. İmkânınız yoksa, eşinizden ya da çocuğunuzdan ufak dokunuşlarla bedeninizi uyarmasını rica edebilirsiniz. Burada önemli olan her bir dokunuşa odaklanmak, bedeninizin var olduğu duygusunu içinize akıtmaktır.
- Ruhsal farkındalığı artırmak ve beslemek için ise ayna çalışması yapacağız. Sabah uyandığınızda aynanın karşısına geçin. En az iki dakika gözünüzü kaçırmadan, başka şeylere ilginizi dağıtmadan, sadece gözünüzün içine bakarak kendinizi görün. Aktif dikkatinizi göz bebeğinizde toplayın. Göz, ruhun dünyaya açılan kapısıdır. Bakın ve ruhunuzu görün. Bakalım size ne fısıldayacak?

İkinci Çalışma: 'Varlığıma Şükrediyorum'

Şükür, insanın Rabbinin ona bahşettiği güzellikleri görebilme anahtarıdır. İnsanın en büyük nimeti de kendisidir. Bunu fark edebilmek için bir şükür günlüğü tutuyoruz. Varlığa şükür çalışması özellikle istenmeyen gebelik, karıkoca ilişkisini düzeltmek için istenen gebelik, istenmeyen cinsiyet, beklenmeyen hastalıklar, beklenen yeteneklerin olmayışı gibi kabulsüzlük alanlarında oldukça etkilidir.

- Günlüğün kapağına 'Varlığıma şükürler olsun' yazın. Günlüğünüzü her alışınızda bu yazıyı sesli olarak okuyun.
- Her gün günlüğünüze en az iki adet 'İyi ki ben ......yım' cümlesi yazın ve bu cümlelerle ilgili olumlu imajinasyon çalışması yapın. Örneğin, 'İyi ki ben kadın olarak yaratılmışım' yazın, sonra gözünüzü kapatıp bedeninizi, saçlarınızı, duruşunuzu, kadın olarak sahip olduğunuz özellikleri hayal edin ve şükredin. 'İyi ki benim şöyle bir yeteneğim var' yazın ve bu yeteneği kullandığınız sahneler hayal edin ve içten bir samimiyetle şükredin.

2. Özgüven

Güven duygusu insanın ilk ve en temel ihtiyacıdır. Öyle ki, bu ihtiyaç karşılanmadığında diğer bütün ihtiyaçlar da sağlam bir zemine oturamayacaktır. Özgüven, bir kazanım olarak becerilerimizi ve yeteneklerimizi fark ettiğimiz bir güven duygusuyla ilgilidir. Yetişkinlik yıllarında 'Ben bunu yaparım. Bu sorunu aşabilirim. Bu sıkıntıdan kurtulmak için yeterli enerjim var' diyebildiğimiz tüm güçlü adımlar özgüvenle ilgilidir.

Bu gelişim hayatın ilk yılı büyük ölçüde zeminlenmeye başlar. Bebek kendini emniyette hissediyorsa, annesinden bedensel veya duygusal bir zarar görmüyorsa kendi özüne dair bir güven duygusu oluşturur. Bu duygu daha sonraki yıllarda kök salarak büyümeye başlar.

Çocukluk yıllarımızda yaşadığımız travmalar özgüven alanımızda derin yaralar açar. İçimizde birikmiş acı ve öfke kendi özümüze olan güveni de zedeler. Zira başımıza bir şeyler gelmiştir ve biz bununla baş edememiş, bu durumdan kurtulmak için harekete geçememişizdir. Bu durum özgüveni derinden sarsar. Özellikle fiziksel ve cinsel şiddet davranışları, sürekli devam eden aşağılama, bağırma ve tahkir etme tutumları çocuğun özgüven şemasını aşağı çeken büyük travmalardır.

Seda, eşiyle büyük problemler yaşıyordu. Psikolojik şiddet görüyor, küçümseniyor fakat bu durumdan çıkabilmek için en ufak bir gayret göstermiyordu. Kendisine reva görülen küçük düşürücü tutumlara boyun eğmiş gibiydi. Majör depresyon tanısıyla bir terapi sürecine başladığında Seda'nın harekete geçemeyişinin altından çocukluğunda öğrendiği şemalar çıktı. Babası alkolik bir adamdı. Eve çoğunlukla sarhoş gelir, uykuda olan Seda'yı yatağından sarsarak kaldırır, kafasına göre bir soru sorar, bilemeyince de acı verici bir biçimde dayak atardı. Seda neden dövüldüğünü hiç bilememişti ve bununla baş edebilecek gücü de zaten yoktu.

Babasının aşağılayıcı tutumlarını şekil değiştirmiş bir biçimde kocasıyla yaşıyordu Seda. Aşağılanıyor, küçük görülüyor, yani bedensel değilse de ruhsal şiddete maruz kalıyordu. O anlarda içindeki çocuk Seda çaresizce bildiğini yapmaya devam ediyordu; boyun eğmeye! Bu nedenle Seda'nın kırılmış özgüvenini geri kazanması, bu kötü döngüyü kırmak için harekete geçmesi şarttı. Terapi sürecinde Seda'nın güçlü yönleri, becerileri, yapabildikleri ön plana çıkarıldı. Seda yıllar önce pastacılık dersleri almıştı. Çok güzel pastalar yapıyordu. Bu beceriyi bir işe dönüştürecek cesareti bulduğunda, eşinin yıkıcı sözlerini içselleştirmemeyi, üzerine alınmamayı, bu halin onun bir yarası olduğunu fark etmeyi, hatta ona şefkat etmeyi öğrenmeye başladı. Eşi bağırıp kötü sözler söylediğinde, 'Canım şu an öfkelendin görüyorum, ama lütfen benimle bu şekilde konuşma' diyebilecek özgüvene sahip olmaya başlamıştı.

Aşağıdaki cümleleri teker teker okuyun. Her okuduğunuz cümlenin ardından gözlerinizi kapatıp bedeninize odaklanın. Bu cümle sizin için uygun mu? Tanıdık geliyor mu? Yoksa bu cümlede tarif edilen insana uzak mısınız? Hissetmeye çalışın.

1. Ben yeterince iyi bir insanım.
2. Ben yeterince iyi bir eşim.
3. Ben yeterince iyi bir anneyim.
4. Başıma gelecek problemleri çözebilecek yeteneğim ve enerjim var.
5. Yeni ortamlara girdiğimde kolaylıkla konuşup kendimi ifade edebilirim.
6. Herhangi bir konuda kendi fikrimi söylemekten utanmam. Fikrimi rahatlıkla paylaşırım.
7. Bir konuda yanlış düşünüyor olabilirim. Fikirleri tartışmaya açığım ve bunun beni geliştireceğini düşünürüm.
8. Yeteneklerimi geliştirmek konusunda gayretli ve istekliyim.
9. Neyi iyi yaptığımı bilirim ve bu yeteneğim için Rabbime şükrederim.
10. Başkalarındaki yetenekler içimde 'Neden bende yok' hissi oluşturmaz. Kendimde var olan becerilerle mutlu olmayı bilirim.

Eğer bu cümleleri okuduğunuzda içinize bir huzur yayılıyor, yüreğinizde bir genişleme oluyor, kendinizi gayet aşina ve rahat hissediyorsanız özgüven alanınızda bir sıkıntı yok demektir. Ama tam tersi içiniz daralıyor, sanki size ait olmayan cümleler okunuyor, kalbinize bir ağırlık çöküyorsa bu alanda çalışmalar yapmaya ihtiyaç duyduğunuzu söyleyebiliriz.

Buradan yola çıkarak bugün travmalarımızı görmek ve onları iyileştirmeye gayret etmek başlı başına 'Ben güçlüyüm. Acılarımla baş edebilirim. Onları iyileştirmek için yeterli kaynağım ve enerjim var' demektir. İşte bu duygu özgüvenimizi tamir eder. Bununla birlikte ilk adım olarak yapabileceğimiz çalışmalar da vardır.

Özgüven Alanını Geliştirmek, Dönüştürmek, İyileştirmek

Özgüven, bize bahşedilmiş yetenekleri fark etmeyi, geliştirmeye niyet etmeyi ve varlıkları için Rabbimize şükran duymayı içerir.

Birinci Çalışma: 'Gerektiğinde Hayır Diyebiliyorum'

Kendi fikrini, ihtiyacını, sınırlarını ifade edebilmek özgüvenin oldukça önemli bir bileşenidir. Özgüveni eksik insanlar çoğunlukla diğer kişilere aşırı uyumlanma davranışı gösterirler. Restorana gitseler yanlarındaki kişiye 'Siparişi sen ver' derler, gezmeye gidilecek olsa 'Nereye gideceğimizi sen seç' derler, bir fikirleri sorularsa 'Sen ne dersin' diye sorarlar. Sen bilirsin, sen haklısın, sen nasıl istersen...en çok kullandıkları cümlelerdendir. Çünkü iç güvenleri kendilerini ortaya koymaya izin vermez. Bu durumun en gözüken işareti hayır diyememektir. Hayır demek istediğimizde bunu yapabilecek adımları atmak özgüvenimizi geliştirir. Nitekim kendini ortaya koymak, sınırları çizmekle başlar.

- Bugüne kadar rahatsız olduğunuz halde 'evet' dediğiniz üç konu belirleyin. Bununla ilgili bir tablo oluşturun ve son bir ay içinde bu konularda ne zamanlar evet dediğinizi tabloya işaretleyin.
- Bir sonraki adım, bu konular tekrar yaşandığında kibarca hayır deyip bunu istemediğinizi ifade etmek. Bunun için yeni bir tablo oluşturun. Bu tabloya bir ay boyunca kaç kere hayır diyebildiğinizi ve bunun sonucunda yaşadığınız içsel dönüşümleri not edin.
- 'Bugün patronum iş yerinde fazladan mesai yapıp yapamayacağımı sordu. Başka planım olduğu için kabul edemeyeceğimi söyledim. Bunu söyleyince kendimi ... hissettim.'
- 'Komşum yün yorganlarını beraber havalandırıp havalandıramayacağımızı sordu. Bugün başka bir planım vardı. Normalde iki işi yapmaya çalışıp kendimi heba ederdim. Ona kibarca yapamayacağımı, başka bir gün olursa seve seve yardım edeceğimi söyledim.'

İkinci Çalışma: 'Yeteneklerimi Keşfediyorum'

Özgüven, var olan yapabilirliklerin artırılmasıyla şahlanan bir şemadır. Bu nedenle neyi severiz, ne yapmak bizi heyecanlandırır, hangi konuda içimizde tutku hissediyoruz sorularını kendimize sormalı, sonrasında ise verdiğimiz cevaba göre gün içinde bu alana dair küçük hedefler oluşturmalıyız.

Yetenek bulma çalışması:

1. Sessiz sakin bir ortamda gözlerinizi kapatın. İç sesinize kulak verin. İçinde var olduğunuz tüm gerçekliklerden zihninizi arındırın.
2. Zihninize düşecek görüntüleri serbest bırakın, bakalım kendini nasıl görmek istiyor. Görüntüleri yönlendirmeden sadece kendinizi düşünün. Bırakın ortam, meslek, yaptığınız iş kendiliğinden gelsin.
3. Kendinizi nerede, ne yaparken, ne işle uğraşırken görmek sizi mutlu ediyor? Bırakın zihniniz sizin için resmetsin.
4. Bu çalışma sırasında, 'Ama ben bu işi yapamam ki, benden geçti' gibi düşünceler zihninize hücum edebilir. Bırakın gelsinler ve gitsinler. Sadece, 'Ben ne için yaratıldıysam o olacağım' deyin ve görüntülerdeki ipuçlarını takip edin.

Aynı çalışmayı yazarak da yapabilirsiniz. Şu sorulara cevap vererek yeteneğinizi keşfe çıkabilirsiniz.

1. Küçükken kendinizi ne olarak hayal ederdiniz? Sorulduğunda ne olmak istediğinizi söylerdiniz?
2. Etrafınızdaki hangi insanlara/ne yaptıkları için kendinizi imrenirken buluyorsunuz?
3. Hangi konular kalbinizi çarptırıyor? Mesela hangi konuda bir araştırma yapmak sizi mutlu eder?

3. Özdisiplin

Çocukluğun önemli gelişimsel ihtiyaçlarından biri *sınırlardır.* Bu o kadar önemlidir ki, çocuk kendi dürtü kontrolünü, irade gelişimini, empati yeteneğini hep ailesinin ona koyduğu tutarlı sınırlarla geliştirir. Çocuğun kendilik farkındalığının geliştiği okul öncesi dönemde tutarlı ve şefkatli sınırlarının olması ona güvende olduğu hissini verir.

Özellikle duygusal ihmal veya istismar görmüş çocuklar sınırlar konusunda çoğu zaman ya çok katı ya da çok geniş (adeta sınırsız) bir ebeveynlik örüntüsüne sahiptirler. Özdisiplin alanının zarar görmesi iki uçtaki bu tutumlardan oldukça derin bir biçimde etkilenmektedir. Ya anne tahakküm edici bir biçimde çocuğunun sınırlarını ihlal ediyor, onu yediriyor, giydiriyor, onun adına kararlar verip çocuğunun kendi sınırlarını inşa etmesine müsaade etmiyordur ya da çocuğunun becerileri, ilgileri ve sınırlarıyla ilgili olamayacak kadar ortalarda yoktur. İşkolik, alkolik, depresif, narsisistik anneler buna verilebilecek ilk örnekler olabilir.

Bununla birlikte duygusal yoksunluk içinde büyüyen çocukların temel şeması 'İnsanların seni sevmesi için onların isteklerini yapmak zorundasın' cümlesi ile 'İnsanlar seni sevmiyor nasılsa, bir şeyler yapma gayretini bırak!' cümlesi arasında konumlanır. Her iki cümle de özdisiplini yerle bir eder.

Özdisiplin, bir işe başladığında (yapmaya karar verdiğinde) o işi bitirebilme becerisidir. Ve etrafımıza şöyle bir bakarsak görürüz ki bu beceri pek çoğumuzda yoktur. Ailemiz çoğu zaman (özellikle ülkemizde) bizim adımıza o kadar çok şey yapmış, alanımıza o kadar çok girmiş, yapamadıklarımızı bizim adımıza o denli çok telafi etmiştir ki, biz kendi özdisiplin duygumuzu harekete geçirecek beceriyi gösteremeyiz.

Atölyelerde özdisiplin becerisi çalışmayı çok önemsiyorum. Nitekim 'Çocuğumla haftalık oyun planları kuruyorum ama ikinci günde planım bozuluyor, uyamıyorum', 'Erken kalkmak istiyorum ama yapamıyorum', 'Her gün kitap okuyayım diye uğraşıyorum ama beceremiyorum' cümlelerinin altında hep bu şema gizli.

Aşağıdaki cümleleri teker teker okuyun. Her okuduğunuz cümlenin ardından gözlerinizi kapatıp bedeninize odaklanın. Bu cümle sizin için uygun mu? Tanıdık geliyor mu? Yoksa bu cümlede tarif edilen insana uzak mısınız? Hissetmeye çalışın.

1. Ben kararlı bir insanım.
2. Verdiğim kararları sonuna kadar götürebilirim.
3. Çocuğuma bir kural koyduğumda onun takibini yapar ve sonucunu yaşamasına alan açarım.
4. Kitap okumak, spor yapmak, bir hobi ile uğraşmak gibi düzenli yürüttüğüm pek çok şey var.
5. Diyete başladığımda sonuna kadar irademe hâkim olurum.
6. Uyku, yemek, spor gibi konularda düzenli saatlerim vardır.
7. Üşengeç bir insan değilim.
8. Disiplinli çalışma becerisine sahibim.
9. Herhangi bir konuda kendimi harekete geçirebilir, o konuya yoğunlaşabilirim.
10. Sevmediğim ama yapmak zorunda olduğum işler konusunda irade gösterebilirim.

Eğer bu cümleleri okuduğunuzda içinize bir huzur yayılıyor, yüreğinizde bir genişleme oluyor, kendinizi gayet aşina ve rahat hissediyorsanız özdisiplin alanınızda bir sıkıntı yok demektir. Ama tam tersi içiniz daralıyor, sanki size ait olmayan cümleler okunuyor, kalbinize bir ağırlık çöküyorsa bu alanda çalışmalar yapmaya ihtiyaç duyduğunuzu söyleyebiliriz.

Neyse ki özdisiplin geliştirilebilir bir beceridir. Yeter ki zaman, gayret ve niyetimiz olsun.

Özdisiplin Alanını Geliştirmek, Dönüştürmek, İyileştirmek

Özdisiplin hayal, hedef, plan ve irade bileşenlerinden oluşur. Bu bileşenleri aktive etmek için aşağıdaki çalışmaları yapabiliriz.

Birinci Çalışma: 'Hayal Kurma Saati'

Kendinize her gün hayal kurmak için belli bir vakit açın. Bu o kadar önemli bir çalışma ki, insan hayalini kurmadığı hiçbir şeyi gerçeğe çeviremez.

- Bu çalışmayı ciddiye almak için evinizin bir köşesinde kendinize 'Hayal kurma köşesi' oluşturun. Sevdiğiniz minderler, sevdiğiniz mumlar, kokular, tütsüler... Ben adaçayı tütsülemeyi çok seviyorum. Hem enerjiyi dengeliyor, hem hoş bir aroması var. Lavanta, yasemin, portakal çiçeği gibi aromatik yağlar kullanarak da ortamı güzelleştirebilirsiniz.
- Hayal kurmak için bir saat belirleyin. Tercihen evin sessiz olduğu, yalnız kalabileceğiniz bir saat olsun. Çocuklarınız okula gidiyorsa onlar evde olmadığında, henüz küçüklerse ya da evinizde başkaları da varsa (aile büyükleri gibi) sabah namazı vaktinde veya gece el ayak çekilince planlayabilirsiniz.
- Köşenize oturun, gözlerinizi kapatın ve hayal kurun. Hayatınızla ilgili atacağınız adımları birer birer 'olmuş gibi' düşünün. Diyelim ki yarım bıraktığınız okulunuza mı dönmek istiyorsunuz? Kendinizi okulunuzda imgeleyin. Okulun koridorlarında yürüyün, derslere girin, çevrenizdeki insanlara okulunuzdaki başarılarınızı anlatın... zihninizde dilediğiniz şey her ne ise onu yaşayın.

İkinci Çalışma: 'Hedef Koyma Çalışması'

Hayal kurmanın bir sonraki adımı o hayali bir hedefe dönüştürmektir. Bunun için hayat şartlarınız doğrultusunda hayalinizi nasıl hedefleyebileceğinizi düşünün. Bunun için şu sorulardan yol alarak bir hedef çıkarabilirsiniz. (Okula gitme örneği üzerinden yazacak olursak)

- Şu an çocuklarımın yaşı örgün bir eğitime gitmem için uygun mu?
- (Çocukların yaşı küçükse ve evden ayrılamıyorsak) Açık öğretim mi tercih etmeliyim yoksa çocuklarım için destek mi almalıyım?
- Çocuklarım için destek alabilirim. Annemle ve kayınvalidemle konuşayım. Eğer uygun olmazsa açık öğretim şıkkını değerlendirebilirim.
- Üniversite sınavına hazırlanmak için ne kadar zamanım var?
- İstediğim bölüm kaç puan/bu puana ulaşmak için ne kadar çalışmam gerekiyor?
- Günlük çalışma saatlerimi çocuklar uyurken nasıl planlarım?

Bütün bu maddeler hedefinizi netleştirecek ve size günlük plan yapma konusunda bir yol haritası verecektir.

Üçüncü Çalışma: 'İrade Güçlendirme Çalışması'

Çocukken irademize müdahale eden tutumlar nedeniyle pek çoğumuz bir karar aldığımızda aksiyona geçecek enerjiyi kendimizde bulamıyoruz. Aslında bu, 'Yapamazsın/edemezsin' şemalarımızla oldukça ilgili. Yapılan bir araştırma sonucuna göre, yeni doğan bir bebek altı yaşına gelene kadar ebeveynlerinden ortalama 360 bin defa 'yapamazsın' tarzı bir yasaklama kelimesi duyuyor. Akıllıya kırk kere deli denildiğinde delireceğine inanılan bir kültürde, çocuğa binlerce defa yapamayacağını söylediğimizde ne olacağını tahmin etmek zor değil. Yapmayı bırakıyoruz!

İşte bu yüzden irademizi güçlendirmek için yapabildiklerimizi görmeye ve bunlar için kendimizi tebrik etmeye ihtiyacımız var. Bunu yaparken hedeflerimizi azdan çoğa doğru artırmamız gerekiyor. Zihin yapabildiğini görüp ikna oldukça daha fazlasını vermeliyiz. Mesela kitap okuma alışkanlığı için bir plan yapalım.

- Hiç kitap okuma alışkanlığınız yoksa, günde 1 sayfa okuma hedefi ile başlayın.
- Tek bir sayfayı okuyun, kendinizi bunun için tebrik edin ve kitabı bırakın. Bir hafta boyunca ikinci sayfaya hiç geçmeyin. Bir sayfa okuyun, sesli olarak, 'Bugün hedefimi tutturdum, maşallah bana!' deyin ve kitabı bırakın.
- Bir hafta sonra bir sayfa, diğer hafta iki sayfa, diğer hafta dört sayfa ekleyerek devam edin. Günde sekiz sayfa okur hale geldiğinizde bunu iki hafta devam ettirin. Sayfa sayınızı artırmayın.
- Sonraki iki hafta sayfa sayısını %50 artırın ve 12 sayfa okumaya başlayın. Kendinize şunu sıklıkla hatırlatın, 'Her gün 12 sayfa okumak yılda 4380 sayfa kitap okumak demektir. Bu şahane! Ortalama 200 sayfalık kitaplar olmuş olsa, yılda 22 kitap okumuş olurum. Bu, ayda neredeyse 2 kitap okumaya tekabül eder.'
- Hiçbir zaman yaptığınızı küçümsemeyin. 'Bravo bana! Ne güzel öğrenmeye hevesliyim. Ayda iki kitap hedefime yürüyorum' gibi cümlelerle iradenizi destekleyin.
- İrade, beynin kası gibidir. Onu yapabildiğiniz şeylerle ne denli beslerseniz o derece geliştiğini göreceksiniz. Böylece azar azar özdisiplin alanınızı geliştirecek ve dönüştüreceksiniz.

4. Özşefkat

Çocukluğunuzda yeterince sevgi ve şefkat göremediğinizde ya da sevgi bağlarını zedeleyen şiddet tutumlarının varlığında kendisine şefkat gösteremeyen, yıkıcı bir biçimde eleştiren (aynı annemiz gibi), hatalarına toleranslı olamayan, işin özünde kendisiyle kavgalı bir yetişkine dönüşürüz. Zira çocukluğumuzda yaşadığımız tüm hatalı ebeveyn tutumlarını içselleştirip kendimize yöneltmişizdir. Annemizin bize kızışını kendi suçumuz saymış, babamızın öfkeli dayaklarını bizin hatamızın doğal bir sonucu bilmişizdir. Kendimizi bu denli hatalı ve suçlu bir çocuk bilmek, kendimizi sevmemizin önündeki en büyük engeldir. Oysa hata olarak kendimize mal ettiğimiz çoğu şey bize ait olmadığı gibi, bize ait olanları bir parçamızmış gibi kabul edip kendimizi kötü saymak da gerçekçi bir tutum değildir.

İşte bu noktada özşefkat devreye girer. Özşefkat, kendine kendinin en yakın arkadaşı gibi davranmak demektir. Zira çoğu zaman bir dostumuza gösterdiğimiz sabrı, toleransı, yol göstericiliği, inancı ve şefkati kendimize göstermeyiz. Oysa insan kendine gösteremediğini bir başkasına gösteremez. Kendini sevmeyen, başkasını yürekten sevemez, kendine sabrı olmayan, çocuğuna sabır gösteremez, kendi hatasına tahammül edemeyen, başkalarının hatasını hoş göremez... Güzel Nebi'nin (sav) söylediği gibi, insan kendini bilmeden Rabbini bilemez.

Aşağıdaki cümleleri teker teker okuyun. Her okuduğunuz cümlenin ardından gözlerinizi kapatıp bedeninize odaklanın. Bu cümle sizin için uygun mu? Tanıdık geliyor mu? Yoksa bu cümlede tarif edilen insana uzak mısınız? Hissetmeye çalışın.

1. Ben bir insanım. Hata yapmam doğal.
2. Hata yaptığımda içimde utanç ya da öfke değil, düzeltmek için gayret oluşuyor.

3. Kendimi tanırım, neye ihtiyacım olduğunu bilirim.
4. Dinlenmeye ihtiyaç duyduğumda bunu söylemeye, yardım istemeye çekinmem.
5. Bazen hayat planımın gerisine düşmem doğaldır, her şey planladığım gibi gidemez.
6. Kendimi olduğum halimle sever, beğenir, kabul ederim.
7. Sevdiğim filmi izlemek, sevdiğim kitabı okumak, sevdiğim müziği dinlemek için muhakkak kendime zaman ayırırım.
8. Yalnız kaldığımda sıkılmam, neyle mutlu olacağımı bilir ve zamanımı faydaya çevirebilirim.
9. Kendime kahve yapmak, kendime bakım yapmak ya da kahvaltı kurmak için üşenmem. Kendimi değerli bulur, değerli davranırım.
10. Giydiğim kıyafete, saçımın şekline, evimin düzenine özenirim.

Eğer bu cümleleri okuduğunuzda içinize bir huzur yayılıyor, yüreğinizde bir genişleme oluyor, kendinizi gayet aşina ve rahat hissediyorsanız özşefkat alanınızda bir sıkıntı yok demektir. Ama tam tersi içiniz daralıyor, sanki size ait olmayan cümleler okunuyor, kalbinize bir ağırlık çöküyorsa bu alanda çalışmalar yapmaya ihtiyaç duyduğunuzu söyleyebiliriz.

Özşefkat Alanını Geliştirmek, Dönüştürmek, İyileştirmek

Özşefkat kavramını iyi anlamak ve özümsemek bu çalışmalarda başarıyı yakalayabilmek için önemlidir. Özşefkat, kendini beğenmişlik değildir. Narsisistik bir biçimde 'Ben en güzelim, ben en iyiyim, ben ne yaparsam doğrudur' demek hiç değildir. Özşefkat, insan olduğunun bilinciyle insanın ihtiyaç duyduğu sevgi, şefkat, merhamet ve hoşgörüyü başkasından beklemenin ötesinde kendi kendine verebilmek ve başkasına yapmayacağın hiçbir davranışı başta kendine yapmamaktır.

Birinci Çalışma: 'Arkadaşına Söyler Gibi Çalışması'

Kendine şefkat duyma konusunda eksik olan kişiler çoğunlukla kendilerine başkalarına davrandıkları gibi davranamazlar. Toplumsal kurallar gereği diğerlerine nazik, anlayışlı ve hoşgörülü iken konu kendileri olunca yıkıcı tutumlar sergilemekten kaçınmazlar. Bu nedenle ilk çalışma kendimize dair davranış ve düşüncelerimizi fark etmek için olacak.

Diyelim ki bir kek yaptınız ve kabarmadı. Hiç güzel olmadı. İçinizde uyanan duyguya ve iç sesinizin beyninizde yankıladığı cümlelere odaklanın.

'Yine beceremedin!'

'Geldin 30 yaşına hâlâ bir keki tutturamıyorsun!'

'Bu ne biçim kek!'

'En basit insanlar bile yapar şu keki! Bi sen beceremedin!'

Bu cümleleri duyun ama üzerinize alınmayın. Geldikleri gibi geçip gitmelerine izin verin. Sonuçta bir gün içinde on binlerce düşünce geçiyor zihnimizden. Her birini duyup kabullensek yanmıştık.

Şimdi zihninizde sahneyi değiştirin. Keki güzel olmayan kişi arkadaşınız olsun. Üzüntüyle 'Uff ya! Bir kek yapmayı bile beceremiyorum!' demiş olsun. Ona ne söylerdiniz?

'Yaa ne kadar abarttın sen de! Hepi topu bir kek! Bir dahakine daha iyi yaparsın olur biter!'

'Hem kullandığın malzeme bile kekin kabarmasını etkiler. Belli ki kullandığın malzemede sorun var'

'Senin elinden olsun yeter ki, bu haliyle de gayet lezzetli. Ellerine sağlık'

Arkadaşınıza kuracağınız bu muhtemel cümleleri şimdi kendinize kurun. Gün içinde iç sesinizin sizi acımasızca eleştirdiği her defa, 'Bu durumu arkadaşım yaşasa ne söylerdim?' diye düşünerek kendinize çevirin. Bir süre sonra zihniniz kendine şefkat göstermeyi öğrenecektir.

İkinci Çalışma: 'Hataları Doğru Okuma Çalışması'

Pek çoğumuzun temel sorunu bir hata yaptığımızda direkt savunmaya geçip, 'Yaptım ama şu yüzden yaptım' gibi mazeretler üretmek ya da pişkin bir biçimde, 'Bu hata değil ki' demektir. Ama bunlar tek sıkıntılı seçenekler değildir. Bir de hatanın içinde boğulmak vardır. Yani hatalı olan bir davranışımız değilmiş de, toptan kendimizmiş gibi davranmak, hatayı bir kişilik özelliği gibi içselleştirmek, her halimiz hataymış gibi kendimize yıkıcı eleştiriler yöneltmektir.

Özşefkat sahibi kişiler hatalarını şu şekilde okurlar:

- Bu yaptığım davranış hatalıydı. Bütün sorumluluğunu kabul ediyor ve bu hatadan ders çıkarmayı seçiyorum.
- Bu hatanın ne kadarı salt benim davranışlarım, ne kadarı çevresel nedenlerden dolayı ayırt ediyorum.
- Gelecekte aynı duruma düşmemek için neleri farklı yapmam gerektiği üzerine düşünüyorum.
- Hataları bir gelişim, değişim ve tekâmül vesilesi olarak görüyorum.

İYİLEŞMEK İÇİN DEPOYU DOLDURMAK

'Hoşça bak zatına ki zübde-i âlemsin sen,
Merdüm-i dîde-i ekvân olan âdemsin sen.'
Şeyh Galip

Çocukluğumuzda yaşadığımız olumsuz hatıralar enerjimizi tüketen birer gönül yüküne dönüşür. Bu nedenle travmatik yaşantısı çok olanlarımızın genellikle enerjisi düşüktür. Düşük enerji -kişi istese de ayağa kalkacak gücü bulamadığından- zaman içinde insanı karamsar, pesimist ve ümitsiz hale getirir. Bu, kötü bir kısırdöngüdür, zira karamsarlık enerjiyi düşürür, düşük enerji ise karamsarlığı besler.

Pek çok anne iyileşmek istediğinden fakat harekete geçecek enerji bulamadıklarından bahsediyor. Haklılar. Çünkü psikolojik sağlığımızı iyiye götürmek için harekete geçmeye, bunun için de enerjiye ihtiyacımız var.

Bu noktada size öğrenilebilen ve bize bol enerji veren bir kavramdan bahsetmek istiyorum: '*İyimserlik*'

Uzmanlık konum annelerdeki iyimserlik/kötümserlik alanı üzerinde yoğunlaşıyordu. Bu yüzden bu kavramları, psikolojimizdeki yerini, anneliğimize nasıl etki ettiğini sayısını hatırlayamayacağım kadar çok makalede, kitapta, bilimsel bildiride okuyup araştırdım. Sonuçlar çok net ve tutarlıydı. İyimser bir bakış açısına sahip kadınlar geçmiş travmalarından daha kolay özgürleşirken bugünü daha keyifli yaşıyor, daha kaliteli ebeveynler oluyor ve geleceğe daha umutlu bakıyorlardı. Bize lazım olan şey iyimserlikti. İyimser bir bakış açısı kazanmak hem geçmişimizle olan hesaplarımızı pozitif bir biçimde çözmemize hem de anneliğimizi kaliteli hale getirmemize yarayacaktı.

Peki iyimserlik nedir?

İyimserlik, gelecekle ilgili yapıcı bilişlerle ilgili pozitif psikolojinin dinamiklerinden biridir. İyimserlik tanımı genel olarak geleceğe yönelik olumlu beklentiler olarak tanımlanır. Başka bir deyişle, gelecekte iyi şeylerin olmasını beklemek için sahip olunması gereken bir özellik olarak tanımlanmaktadır. Olumlu sonuçlar ve gelişmeler bekleme eğilimlerinden oluşan bir düşünce tutumudur.

İyimserlik ve kötümserlik arasındaki farkı genel olarak şu şekilde ifade edebiliriz: 'İyimserlik yaşamda iyi şeylerin, kötümserlik ise kötü şeylerin gerçekleşme beklentisidir.' İyimserlerin ve kötümserlerin farklı uçtaki yaklaşımları, bireyin hayatı üzerinde büyük bir etki yapar. İyimser olan insanlar kötümserlerden daha olumlu duygular yaşarlar ve bu da daha yüksek mutluluk seviyeleri ve olumlu tutumlarla sonuçlanır. Böylece olumlu tutumlar bireyin tüm yaşam tarzını etkiler. Sorunları çözme, üzüntü ile baş etme tarzlarında farklılık gösterirler ve sosyal ve sosyo-ekonomik ilişkilerinde farklılıklar vardır.

Dr. Martin E. Seligman, *Öğrenilmiş İyimserlik* isimli kitabında iyimserliği öğrenilebilecek bir şey olarak tanımlamıştır. Seligman'ın iddiası, çaresizliğin öğrenilebildiği gibi iyimserliğin de öğrenilip geliştirilebileceğidir. Nitekim gruplarla yapılan bazı danışmanlık ve eğitim uygulamaları sonucunda katılımcıların bilişsel süreçlerinin pozitif yönde değiştiği ve eğitimin sonunda daha iyimser oldukları tespit edilmiştir.

Peki nasıl?

Pozitif Psikolojinin nihai hedefi mutlu ve sağlıklı bireydir. Bu bağlamda üç zaman diliminde hedefler koyar. Geçmiş zaman hedefleri memnuniyet, hoşnutluk, gurur ve sükûnettir. Şimdiki zaman için koyduğu hedefler ânı yaşamak ve hoşlanılan aktiviteleri çoğaltmaktır. Geleceğe yönelik hedefler ise umut, inanç, güven ve iyimserliktir.

Şimdi tüm bu tanımlardan yola çıkarak geleceğimize daha iyimser bakabilmek için iki önemli adımımız olduğunu biliyoruz;

1. Geçmişimizi affetmek ve geriye dönük bir sükûnet duymak (Buraya kadar yaptığımız çalışmalarda bunun için gayret ettik)
2. Şimdiyi fark etmek, ânı yaşamak ve hoşlanılan aktiviteleri çoğaltmak

Bu konuyu iki önemli başlıkta açmak istiyorum.

1. Enerji Emicileri Hayatımızdan Çıkartalım ya da En Azından Azaltalım!

Enerjimizi artırmanın ilk yolu, enerjimizi emen şeyleri hayatımızdan birer birer çıkarmaktır. Bazı şeyleri hayatımızdan çıkarmak mümkün olmayabilir (kötü niyetli bir kayınvalide gibi). Böylesi şeyler için de sınır koymak ve azaltmak önemli bir adım olacaktır.

Kötü Enerjili Kişileri Hayatımızdan Çıkarmak

Bazı kişiler vardır ki dedikodu ederler, gıybet ederler, koğuculuk ve nifak gibi kötü huyları nedeniyle bulundukları ortama negatif enerji yayarlar. Bazı kişiler de laf çarpıtmayı, gülümseyerek aslında kötü şeyler söylemeyi severler. Bazı kişiler çok eleştireldir. Bazı kişiler ise sürekli dert yanıp hayatları hakkında şikâyet ederler. Eğer çevremizde böylesi insanlar varsa, onlarla ilişiğimizi kesmek enerjimizi yükseltir.

Bu öneride bulunduğunuz zaman bazılarından, 'Ama o benim komşum, arkadaşım' gibi cevaplar alırsınız. Bunlar, 'Hayır dersem yalnız kalırım, sevilmem' kaygısı yaşayan kişilerdir. Etraflarındaki kişiler kendileri için negatif etkiler taşısa bile onlardan uzaklaşacak cesareti bulamazlar. Oysa bir komşu ya da arkadaş bize zarar veriyorsa olmaması daha hayırlıdır.

Bazen de hayatımızdan çıkarıp atamayacağımız insanlar vardır. Bu bazen anne babamız, bazen eşimiz ya da eşimizin ailesi olabilir. Onları hayatımızdan çıkaramayız ama sınır koyup ruh sağlığımızı koruyabiliriz. Bunun için şu öneriler işinize yarayabilir:

- Aile büyüklerimizle aynı evde yaşamıyorsak, sıla-i rahim ölçüsü içerisinde görüşmek ve görüştüğümüz süre içinde duygusal konulara girmeden havadan sudan sohbetler etmek;
- Söyledikleri ve yaptıklarını kişisel algılamadan, bu negatif tutumların onun kendi karakteriyle ilgili olduğunu fark edip kalbinin selameti için dua etmek;
- Kişiliğimizi ya da ailemizi etkileyecek davranışlar ortaya koydukları zamanlarda kararlı ama agresif olmayan tutumlar ortaya koyarak sınırlarımızı hissettirmek işlevsel olacaktır.
- Aynı evde yaşıyorsak yıkıcı davranış ve söylemleri kişiselleştirmemek yine ilk adım olmakla birlikte, kendi sağlığımızı koruyabilmek

adına yaşam sınırlarımızı belirleyici meşguliyetler oluşturmak fayda sağlayabilmektedir. Zihnimiz faydalı işlerle meşgul oldukça çevremizdeki olumsuz etkilere daha kapalı olacaktır.

- Eğer bu kişi eşimiz ise 'ayrılmak'tan ziyade 'ayrışmak' kavramını gündemimize alabiliriz. Ayrışmak kavramı bir evlilik için ortak mutlu olunan alanları korumak ve güçlendirmek, diğer taraftan zarar görmemek adına kendimize dair eşimizden ayrı bir yaşam alanı açmak demektir. Bunu bazen mesaili bir iş ile, bazen gönüllü çalışmalar ya da bize katma değer sağlayacak eğitimlerle hayata geçirebiliriz. Üretime katılmak ve aktif olmak psikolojik sağlığımıza olumlu katkı sağlar.

Ekranları Hayatımızdan Çıkarmak ya da Azaltmak

Uzmanlık çalışmamda büyük bir örneklem ile yaptığım araştırma sonuçları açıkça gösterdi ki, sosyal medyayı fazla kullanan anneler (günde 3-4 saat) az kullanan annelere göre (1 saatten az) daha kötümserdi. Yine çok televizyon izleyenler az izleyenlere göre daha kötümser ve pesimisttiler.

Buradan yola çıkarak söyleyebiliriz ki, enerji depomuzu doldurmak için hayatımızdaki ekranları sınırlamamız gerekir. Bilinçli bir şekilde bize fayda sağlayan hesapları takip ederek ve buna çok kısıtlı bir zaman ayırarak daha nitelikli ve enerji dolu bir anne olabiliriz. Aynı şey televizyon için de geçerlidir. İzlediğimiz diziler, filmler, haberler, programlar bize pozitif enerji verdiği ve hayata dair olumlu bir motivasyon sağladığı müddetçe yararlıdır. Diğer türlü sadece enerjimizi çalar ve kötümserliğimizi artırırlar.

Ben çok uzun yıllardan beri haberleri izlemiyorum. Gündeme dair bilmem gereken şeyleri haber portallerinde kısa bir gezinti ile öğrenebiliyorum. Asla üçüncü sayfa haberlerini okumuyor, gündemime sokmuyorum. Bununla birlikte sosyal medyada gezinemeyecek kadar çok okuyup, yazmayı ve eğitimlere gitmeyi tercih ediyorum. Bırakın başka hesapları, kendi hesabımın bile tüm yorumlarını okuyamıyorum. Hayatı izlemek yerine, hayata katılmanın aktif enerjisini her gün içime çekmeyi seviyorum. Bu yüzden hayatları okumak yerine hayatımı yaşamayı seçiyorum.

Kötü Bakış Açısını Hayatımızdan Çıkarmak

Çocukluğunda çok eleştiri almış kişiler, büyüdüklerinde hayata eleştirel bir noktadan bakmaya meyyal olurlar. Yapılan ya da var olan iyiliklerden ziyade, yapılan ya da var olan olumsuzlukları daha kolay fark ederler. Bu da insanın enerjisini emen kara bir deliğe neden olur. Yüce Mevla (cc) insana şükrettiği takdirde şükredecek nimetlerini artıracağını müjdeler (14:7). Şükredebilmek içinse güzeli görebilmek gerekir.

Güzeli görebilmek, salt güzellik olan yerler ve olaylar için geçerli değildir. Nitekim dünyadaki hiçbir güzellik kusursuz değildir. Maharet hayatı olduğu haliyle sevmek, güzelliğini görmek, hayatın içine serpiştirilmiş sayısız nimeti fark edebilecek şükür gözlüğünü bu haliyle takabilmektir.

Bu, geliştirilebilir bir bakış açısıdır. Kötü kokulu köpek leşine bakıp 'Ne güzel dişleri var' diyen İsa Peygamber (as) gibi, neye bakarsak bakalım o şeyin güzel tarafını fark edebilmek zaman içinde kazanılabilecek bir hayat duruşudur. Bunu kazanabilmek için her günün nihayetinde bilinçli bir farkındalıkla, 'Bugün nelere şükrediyorum' diye sorup aklımıza gelen tüm güzellikleri yazdığımız bir şükür defteri tutabiliriz. Böylece bir süre sonra zihnimiz olumluyu fark edecek şekilde programlanmış olur. Aynı çalışmayı negatif duygular hissettiğimiz kişilere, olaylara dair de yazarak çalışabiliriz. 'Bu kişinin şu özelliklerinden hoşlanmıyorum, peki hangi özelliklerini seviyorum? Hangi yönleri güçlü ve geliştirici? Hoşlanmadığım o özellikler benim hangi yönlerimin gelişmesini sağladı? Bu kişinin hayatımda olmasının bana artıları neler? Bu olayı yaşamış olmak beni hangi yönlerden güçlendirdi?' gibi...

2. Enerji Artıran Alışkanlıklar Kazanalım!

İkinci adımda boş enerji depomuzu artıracak alışkanlıklar edinebiliriz. Böylece çocukluğumuzda belki boş kalmış iyimserlik depomuz kendi gayretimizle ilmek ilmek dokunmuş olur.

Çevremize, Seçtiğimiz İnsanlara Dikkat Edelim

Biraz önce negatif etkileri olan kişileri hayatımızdan çıkarmak gerektiğinden bahsetmiştik. Bunun tamamlayıcısı olarak hayatımıza pozitif insanları çekmek için gayret etmemiz gerekir. Neşeli, hayalleri ve hedefleri olan, pozitif enerjisi yüksek, empati yeteneği olan hoş sohbet kişileri altın madeni arar gibi arayalım ve yakınımızda tutmak için emek harcayalım. Olumlu enerji olumlu enerjiyi çeker ve yükseltir. İşte bu bizim ihtiyaç duyduğumuz şey!

Kendimize Yatırım Yapalım

İnsanın enerjisini artıran bir diğer şey gelişimdir. Hz. Ali (ra), 'Yıkılmanın bir önceki adımı durmaktır' der. Amaçsız, hedefsiz ve idealsiz olmak bir süre sonra kişinin enerjisini tüketen bir rutin sarmalına neden olur. Atölyelerde erken kalkmanın faydalarından bahsettiğimde pek çok hanımdan şu soruyu duyuyorum: 'Kalkalım kalkmasına ama kalkınca ne yapacağız ki?' İşte diyorum, asıl mesele zaten bu!

Şu hayatta ardımızdan söylenmesini istediğimiz şeyleri yazarak bir hedef planı oluşturabiliriz. Bir kâğıt kalem alalım ve yazalım; 'Ayşe öyle bir insandı ki şu konuda şunları yaparak kendini geliştirdi. Topluma şu konuda fayda sağladı...' Bir diğer yöntem, 'Mezar taşınızda ne yazsın' sorusunun cevabında saklı olabilir. Düşünelim, mezar taşımızda bizi anlatan, istediğimiz uzunlukta bir yazı yazacak olsaydı ne olurdu? O zaman şimdi bunu gerçeğe çevirmek için harekete geçelim.

Az Yiyelim, Az Uyuyalım, Çok Hareket Edelim

Yapılan araştırmalar az yemenin, erken yatıp erken kalktığımız 7 saatlik bir uyku düzeninin ve her gün düzenli olarak 1 saat yürüyüş yapmanın (hareket etmenin) vücudumuzda serotonin salgısını artırdığını söylüyor. Yani bu denkleme uyduğumuz oranda mutlu oluyoruz. Bu bağlamda baktığımızda namaz vakitlerinin hayatımızı düzene koyucu etkisini keşfetmek için bu çalışmayı bir fırsat bilebiliriz. Yatsı namazını kılıp yatmak ve sabah namazına kalkıp güne erken başlamak ilk adımımız olabilir. Pazartesi ve perşembe günleri oruç tutarak midemizi yorgunluktan kurtarabiliriz. Bununla birlikte 'Bir dakika tefekkür bir saat ibadetten evladır' hadisi sırrınca düzenli doğa yürüyüşleri yapabilir, hareket etmeyi şükür dolu bir mutluluk ibadetine çevirebiliriz.

6. BÖLÜM:

İYİLEŞEN ÇOCUKLUĞUM İYİLEŞEN ANNELİĞİM

Bu bölümde
çocukluğumuzda almadığımız
sevgiyi ve şefkati çocuklarımıza vermeye,
ebeveynlerimizin hatalı tutumlarını
anneliğimizden uzak etmeye
niyet edeceğiz

ÇOCUĞUNUZA SİZE DAVRANILMASINI İSTEDİĞİNİZ GİBİ DAVRANIN

*'Çocuklarımız bize verilmiş birer emanettir.
Ve o emaneti bize veren zat, günü geldiğinde emanetine
nasıl muamele ettiğimizi muhakkak soracaktır.'
Maria Montessori*

Çocuk eğitimi konusunda yüzlerce kitap var. Pek çoğunu bugüne kadar muhtemelen siz de okudunuz. Notlar aldınız, anneliğimde şunları değiştireceğim dediniz ama belki de bir türlü istikrarlı bir yol benimseyemediniz. Bunun en önemli sebebi kitap boyunca bahsettiğimiz çocukluk acılarınızdı. Çocukluğunuz eteğinize tutunmuş küçük bir çocuk gibi alttan çektiği için, ayağa kalkmanız zor görünüyordu. Umuyorum, şu ana değin yaptığınız çalışmalar yükünüzü biraz olsun hafifletmiş ve sizi içsel mekanizmalarınıza dair şefkatli bir farkındalığa taşımız olsun. Kendi başınıza geçmişi çalışmak zor geliyor ve bir rehbere ihtiyaç duyuyorsanız bununla ilgili bir terapi desteği almanızı öneririm.

Bunula birlikte artık daha bilinçli, daha farkında bir ebeveynsiniz ve doğal olarak çocukluğunuzdaki acıları kendi çocuğunuza aktarmak istemiyor, kendi göremediğiniz sevgi ve şefkati ona sunmayı diliyorsunuz. Aslında bu göründüğü kadar zor değil. Ama sanıyorum bize benimsenecek bir felsefe gerekecek. O zaman iyileşme defterimize kocaman harflerle şunu yazabiliriz:

'Çocuğuma, çocukken bana davranılmasını istediğim biçimde davranıyorum!'

İnsan olarak en büyük zayıflığımız acılarımızı başkalarından çıkarma eğilimi içinde olmamız. Kayınvalidesinden zulüm gören gelinin kayınvalide olunca kendi gelinine zulmetmesi gibi, eşiyle tartışan annenin çocuğunu tartaklaması gibi, maddi sıkıntılar çeken bir ailenin çocuğunun masum bir isteğine aşırı tepkiler göstermesi gibi onlarca örnek, acılarımızın sorumluluğunu almadığımızı ve onları başkalarının üzerine boca ederek rahatlamaya çalıştığımızı gösteriyor. Ama bu davranış ne bize iyi gelir ne de çevremize. Bilakis bize yapılanı çocuğumuza yapmak geçmişten gelen yıkıcı döngüyü besleyip büyütecek ve çocuğumuzun çektiği acıda kendi çocukluk acılarımızı yeniden yaşamamıza neden olacaktır.

Bu döngüden çıkmak için bize gereken şey 'gelişine vurmamak', yani otomatik pilotta hareket etmemek, bunun yerine çocuğumuzla etkileşime geçtiğimiz anlarda bilinçli bir farkındalıkla aynen annemizin bize davranmasını istediğimiz şekilde muamelede bulunmaktır.

Yere çay döktüğümde annem ne yapsın isterdim?
Bir şey için heyecanlı olduğumda, bir konuya ilgi gösterdiğimde ebeveynlerimden nasıl bir tutum beklerdim?
Gece korkup annemin yanına gitsem, bana ne demesi korkumu azaltırdı?
Karnım tok olduğunda ve 'Aç değilim yemek yemeyeceğim' dediğimde annemden nasıl davranışlar görmek isterdim?
Oyun oynamak için ona seslendiğimde bana verdiği karşılığın ne olmasını isterdim?
Okulda kötü bir gün geçirmişsem eve geldiğimde nasıl bir ortam beklerdim?
Nasıl karşılanmak, okula nasıl uğurlanmak, nasıl sevilmek, nasıl ilgi gösterilmek ister, beklerdim?

Tüm bu soruları tek tek düşünmek, oturup kafa yormak, cevaplara ulaşmak oldukça önemlidir. Çünkü bu bizim bilinçli ebeveynlik için yol haritamız olacaktır.

DAYAK YEDİM AMA ÇOCUĞUMU DÖVMÜYORUM

Çocukken maruz kaldığımız şiddet, kırık bir testiden sızan zehir gibi 'öfke' kılığında anneliğimize sızar.

'Çocuğuma bağırmak istemiyorum ama kendimi tutamıyorum.'
'Dövüyorum sonra pişman oluyorum.'
'Hakaret etmeden konuşmayı beceremiyorum.'
'Bir tokat atıyorum sonra odama gidip ağlıyorum'... cümleleri içimizde bu acıyı yaşayan küçük çocuğun 'Dur!' çığlıkları gibidir.

Şiddet görmüş olsak dahi şiddet göstermemenin ilk şartı öfkeye sabretmektir. Öfkeyi görmek, kabul etmek, bir veri olarak değerlendirmek önemlidir ve fakat öfkeye kapılıp gitmek yıkıcı davranışların kapısını açar. Bizi pişman olacağımız davranışlar yapmaya yönlendirir.

Çalışma: 'Öfkemi Kontrol Ediyorum!'

- Öfke kontrolü için en pratik çalışma 6'ya kadar saymaktır. Nitekim öfke ânında (ya da yoğun yaşadığımız diğer duygularda) sağ beynimiz devreye girer. Sağ beyin duygu merkezidir. Eğer sol beynimizle onu dengelemezsek oluşan duygulara kapılıp gideriz.
- Sol beyin rasyonel düşüncenin, mantıklı kararların, yani bilincin alanıdır. Onu aktive edebilmek için 6'ya kadar saymak, ikişer ikişer saymak, 40'tan geriye ikişerli saymak, S harfi ile başlayan ülkeleri saymak gibi 'biliş' gerektiren bir aktivite yapmamız gerekir.
- Çocuğumuza öfkelendiğinizi hissettiğiniz an bu çalışmayı yapmaya başlayın. 6'ya kadar derin nefes alarak sayın. Göreceksiniz ki öfke duygusu geldiği gibi geçip gidecek.

ÇOK ELEŞTİRİLDİM AMA ÇOCUĞUMU ELEŞTİRMİYORUM

Gıybet, dedikodu, eleştiri şiddetin biçim değiştirmiş türleridir. İnsan, evladını eliyle yaralayabileceği gibi diliyle de yaralayabilir. Üstelik 'Ben onu daha iyi olsun diye eleştiriyorum' gibi bir mantığa bürümeyle eleştiri dilinin ne denli yıkıcı olduğunun farkına dahi varamayabilir.

Çocukluğunda 'dil yarası' olan bilinçli anneler bu yaranın acısını iyi bilirler. Bu nedenle çocuklarını eleştirmek istemezler. Fakat çocuğu bir hata yaptığında onu nasıl uyaracaklarını ya da yapabildiği/yapamadığı becerilerini nasıl dile dökeceklerini bazen bilemeyebilirler.

Çalışma: 'Eleştiri Hamburgeri Yapmak'

- Öncelikle şunu bilmemiz gerekir. Bir şeyi pozitif olarak ifade edebiliyorsak, asla negatif ifade biçimini tercih etmemeliyiz. Mesela odasını topladığını söylüyor. Odaya gittiğimizde ona söylediğimiz işlerin yarısını yaptığını görüyoruz. Devamı konusunda nasıl uyaracağız? Sizce hangi dil daha pozitif?
    a. 'Bu oda toplu mu şimdi? Her yer lego dolu! Topla bakayım çabuk şurayı güzelce!'
    b. 'Vayyy yatağını ne güzel toplamışsın! İnanıyorum ki legolarını da aynı şekilde kutularına koyacaksın.'
- Hayatın içinde ufak eleştiriler muhakkak ki olacaktır. Önemli olan eleştiri-övgü dengesini iyi tutturmaktır. Kendinizi bir gün boyunca kontrol edin. Gün içinde çocuğunuzu kaç kez tebrik ettiniz? Kaç taktir, kaç teşekkür, kaç eline sağlık cümlesi ilettiniz? Bunların sayısı gayet iyiyse gün içinde, 'Şunu şöyle yapsan nasıl olur' tarzında eleştiri iletmemizde sıkıntı yoktur. Yeter ki genel halimiz memnuniyetsiz bir eleştiri dili olmasın.
- Eleştirinin kişiliğe, varlığa, mizaca yapılmaması oldukça önemlidir. Eleştiri sadece ortaya konan davranışa ya da yapılan işe olabilir. Ama yaratılış özelliklerine getirilen eleştiri çocuğun var oluşunu zedeler. Örneğin yaratılış olarak teenni ile hareket eden bir çocuğa sürekli 'Hızlı ol' uyarısı yapmak onun kişiliğini zedeler. Yine aynı şekilde sessiz konuşan bir çocuğa 'Duyamıyorum' uyarısını çok yapmak varoluşundan hoşnutsuz olduğumuz gibi bir etki ortaya çıkarır.
- Eleştirirken, cümleleri iki tebrik cümlesinin arasına yerleştirmek, eleştiri hamburgeri yapmak çocuk için daha etkili olacaktır. 'Eline sağlık canım, bir öncekine göre çok daha iyi pişirdin kahveyi. Bir dahakine şekerini biraz daha az koyabilirsin. Senin elin yeterince tatlı zaten, daha az şekerle bile tatlanır kahven' gibi...

SEVGİ GÖRMEDİM AMA ÇOCUĞUMA SEVGİ GÖSTERİYORUM

Çocukluğumuzda yeterince sevgi hissedemediysek içimize oturmuş ve yeri doldurulamaz bir sevgi açlığı hissederiz. Kimilerimiz bu boş depoyu diğer insanlara, hayvanlara, doğaya yönlendirip telafi etmenin yolunu bulurken, kimilerimiz çocukluğunda oluşmuş 'Ben sevilmeye layık değilim. Kimse bana sevgi vermez' şemasına teslim olmuştur; bu yüzden çocuğundan uzak durmayı, kendi sevgisizliğini hissettirecek temas ve yakın ilişkiden kaçınmayı seçebilir. Ama bu tutum kitap boyunca anlattığımız biz annelik aktarımına dönüşecektir. Bu nedenle kendindeki bu açığı fark eden bilinçli bir anne kendi örüntüsünü çocuğunun kaderi kılmamak için gayret göstermelidir.

Çalışma: 'Sevgi Tablosu Oluşturmak'

- İnsan almadığı bir şeyi verirken başta sıkıntı yaşayabilir. Ama şunu kendimize hatırlatmalıyız ki, en az anne kadar koşulsuz sevme potansiyeli olan başka bir varlık varsa o da çocuklardır. Çocuklarımız bizi olduğumuz halimizle bitimsiz severler. Önemli olan kendimizi adım adım onların ritmine bırakmaktır.
- Psikolojinin önemli öğretilerinden biri şudur: Eğer bir duygunuzu değiştirmek istiyorsanız, davranışınızı değiştirin. Bir konuda *-öyle hissetmiyor olsanız dahi-* hissinizi harekete geçirecek davranışı sürdürürseniz bir süre sonra istenen duygunun içinizde oluştuğunu göreceksiniz.
- Sevgi için de yapacağımız uygulama budur. Çocuğunuza aranızda sevgi bağı kuracak saçını tarama, birlikte oyun oynama, beraber sohbet etme, göz göze bakışma, el ele tutuşup film izleme, sarılarak uyuma gibi davranışlardan oluşan bir *sevgi deposu doldurma* panosu hazırlayın. Bu davranışları her gün düzenli olarak yaptığınızda, ilk başta çocukluğunuza bakan blokajlar hissetseniz dahi zaman içinde koşulsuz sevebilme potansiyelinizin harekete geçtiğini göreceksiniz.

SAYGI GÖRMEDİM AMA ÇOCUĞUMU SAYIYORUM

Saygı, pek azımızın sahip olabildiği bir çocukluk tutumudur. Bir çoğumuz sevgi dolu olsa da saygısız tutumlar içeren evlerde büyüdük. Şiddetin her türlüsü başlı başına saygın bir ilişki ihtimalini ortadan kaldırırken, bununla birlikte azar, utandırma, alay, tehdit, hakaret gibi tutumlar da başlı başına saygınlığı zedeleyen etkiler oluşturur. Oysa bir ailenin ihtiyaç duyduğu temel kavram bireyler arasında kurulmuş saygın bir ilişki ağıdır.

Bu dili görmemiş olsak bile çocuğumuzla aramızda var edebilmek için şu önerilerden faydalanabilirsiniz:

Çalışma: 'Saygı Dolu Bir İlişki'

- Saygınlığın ilk şartı karşımızdaki kişinin yaşı kaç olursa olsun ayrı bir birey olduğunu, ayrı zevkleri, ayrı ilgileri, ayrı bir biyolojik ritmi olduğunu kabul edebilmektir.
- Bunun için zorla yedirmek, sevmediği bir şeyi yeme konusunda zorlamak, zorla uyutmak, hayatını ilgilendiren kararlar konusunda seçenek sunmamak (bugün bu kıyafeti mi yoksa diğerini mi giymek istersin/ okul çantanı bundan mı alalım şu renkten mi gibi), kişiliğine saldıran dil kalıpları kullanmak saygın bir ilişki ihtimalimizi ortadan kaldırır.

ANNEMLE BAĞ KURAMADIM AMA ÇOCUĞUMLA KURMAK İSTİYORUM

Yapılan araştırmalar, bağlanma örüntüsünün nesiller boyu aktarıldığını ortaya koymaktadır. Yani eğer annemizle güvensiz bir bağlanma biçimi geliştirdiysek, eğer üzerinde çalışmazsak, çocuğumuzla da aynı örüntünün devamını yaşamamız kaçınılmazdır.

Bu döngüden çıkabilmek için bağımızı güçlendirici çalışmalar yapmamız gerekir:

Çalışma: 'Bağ Kurma Seansları'

- Güvenli bağlanma öncelikle emniyetle ilgilidir. Çocuğumuza şiddet göstermediğimiz her defa onunla kurduğumuz bağ için sağlam bir tuğla koymuş oluruz.
- Bağlanma davranışlarının en önemli adımı dokunmaktır. Gün içinde ne denli dokunma fırsatı oluşturursanız o denli sağlıklı bir bağ kurmuş olursunuz. Sarılmak, kucaklaşmak, el ele tutuşmak, okşamak, dokunma temelli oyunlar oynamak (Bağlanma Günlüğü kitabımda onlarca bağ kurma oyunu yazmıştım) bağlanma örüntünüzün şeklini değiştirmeye yardımcı olacaktır.
- İlaveten bazı geceler birlikte uyumak, belirli bazı günleri ailece oyun gecesi, pizza gecesi, mısır+film gecesi yapmak, muhakkak her gün baş başa sohbet anları oluşturmak çok önemlidir.

SON SÖZ/LEŞME

Dünyaya geleceğim aileyi ben seçmedim.

Benim için bir anne ve bir baba yaratan Rabbimin her şerrin içinde bir hayır var ettiğine, beni tekâmülüm için en uygun ailede yarattığına inanıyorum.

Çocukluğumda yaşadığım şiddet, istismar, sevgisizlik ve ilgi yoksunluğunu...

İşittiğim eleştiri, hakaret, yıkıcı tüm kelimeler ve cümleleri...

Çocukluğumda bırakmayı seçiyor, geçmiş yılların yasını tutup ardımda bırakmayı tercih ediyorum.

Çocukluğumda yaşadığım olumsuz tüm hatıraları tekâmül yolculuğuma merdiven kılıyorum.

Acılarıma merhem sürüp bana aktarılan anneliği geliştirirken büyümeyi, değişmeyi ve kendim olarak hayatımı sürdürmeyi seçiyorum.

Çocukluğumda bana bilerek ya da bilmeyerek, isteyerek ya da istemeden acı yaşatan herkesi, başta dünyaya gelme vesilelerim anne ve babamı affediyorum. Onlarla olan bağımın benim bu hayattaki köküm olduğunu biliyor ve köküme tutunarak yarınlara ulaşmayı istiyorum.

Güçlüyüm, irade sahibiyim; ben, bana verilen yetenek ve istidatlarımla bana özgü biriyim. Ben kendimim. Bana verilmiş tüm özellikleri kucaklıyor, seviyor ve varlıkları için Rabbime şükrediyorum.

İçimi sayfa sayfa açan, beni yarınlara tomurcuklandıran anneliğimin sorumluluğunu alıyor ve çocukluğumda yaşadığım kötü tutumları çocuğuma yaşatmayacağıma, bana miras kalan olumsuz duyguları birer birer akıtıp çocuğuma miras bırakmayacağıma söz veriyorum.

Şahit ol ya Rab, şahit ol ya Rab, şahit ol ya Rab...

KAYNAKÇA

Alford, C. Fred Melanie Klein and Critical Social Theory. (New Haven: Yale University Press, 1989.), p. 26

Antony M. M. & Swinson R. P. (2000). Mükemmeliyetçilik, Dost Sandığınız Düşman (When Perfect isn't Good Enough). Çeviri: Aslı Açıkgöz. İstanbul: Kuraldışı Yayınevi

Ainsworth, M. D. S. (1969). Object relations, dependency, and attachment: A theoretical review of the infant-mother relationship. Child development, 969-1025.

Bakırcı, N. "Anne-Baba ve Çocuk ilişkisinde Bağlanma Süreci" https://www.tavsiyeediyorum.com/makale_10545.htm/E.T.23/06/2020

Bernstein, D. P., Fink, L., Handelsman, L., & Foote, J. (1998). Childhood trauma questionnaire. Assessment of family violence: A handbook for researchers and practitioners.

Boak, D. (1985). Terry Eagleton," Literary Theory: An Introduction". AUMLA: Journal of the Australasian Universities Modern Language Association, (64), 269.

Bornstein, M. (2013). Winnicott's contribution to my psychoanalytic development. Psychoanalytic Inquiry, 58, 33-50.

Bowlby, J. The nature of the child's tie to his mother. International Journal of Psycho-Analysis, 1958, 39, 350-373.

Brouwers EP, van Baar AL, Pop VJ. Maternal anxiety during pregnancy and subsequent infant development. Infant Behav Dev 2001;24(1):95-106

Bıyıklı, Latife. (1989). Bedensel Özürlü Çocukların Benlik Kavramı (Aile Kabul Düzeyi Açısından), Ankara: Ankara Üniv. Edeb. Fak. Yay.

Birmaher B, Axelson D, Monk K, Kalas C, Goldstein B, Hickey MB, et al. Lifetime psychiatric disorders in school-aged offspring of parents with bipolar disorder: the Pittsburgh Bipolar Offspring study. Arch Gen Psychiatry. 2009;66(3):287-96. doi: 10.1001/archgenpsychiatry.2008.546. [PubMed: 19255378]

Campbell, W. K., & Baumeister, R. F. (2006). Narcissistic personality disorder. In Practitioner's guide to evidence-based psychotherapy (pp. 423-431). Springer, Boston, MA.

Chang KD, Steiner H, Ketter TA. Psychiatric phenomenology of child and adolescent bipolar offspring. J Am Acad Child Adolesc Psychiatry. 2000;39(4):453-60. doi: 10.1097/00004583-200004000-00014. [PubMed: 10761347]

Coyl D, Roggman L, Newland L. Stress, maternal depression and negative mother-infant interactions in relation to infant attachment. Infant Ment Health J 2002; 23: 145-163

Cori, J. L. (2019). Annenin Duygusal Yokluğu. İstanbul: Koridor Yay.

Demirbaş, Önder (2019). Okul öncesi kurumlarda çalışan çocuk gelişimcilerin sınıftaki çocuklarda gözledikleri cinsel davranışlar ve bunlara verdikleri tepkilerin incelenmesi (Master's thesis, Sağlık Bilimleri Enstitüsü).

Devine H, Stewart SH, Watt MC. 1999. Relations between anxiety sensitivity and dimensions of alexithymia in a young adult sample. J Psychosom Res 47: 145-158.

Dyregrov, Atle. (2008). Grief in Children A Handbook for Adults, Jessica Kingley Publishers, USA.

Emery, R., & Dillon, P. (1994). Conceptualizing the divorce process: Renegotiating boundaries of intimacy and power in the divorced family system. Family Relations, 43, 374-379.

Ersevim, İ. (1997). Freud ve psikanalizin temel ilkeleri. Nobel Tıp Kitabevleri.

Feldman JM, Lehrer PM, Hochron SM. 2002. Th e predictive value of the toronto alexithymia scale among patients with asthma. J Psychosom Res 53: 1049-1052.

Freud, A. (1952), The mutual influence in the development of ego. Psychoanalytic Study of the Child, 42

Freud, S. (2003). Espriler ve bilinçdışı ile ilişkileri. Payel Yayınevi.

Freud, S. (1953). Three essays on the theory of sexuality. Standard edition, VII. 1905. London: Hogarth, Pp. 125-245.

Friedman, L. J. (2000). Identity's architect: A biography of Erik H. Erikson. Harvard University Press.

Finley, G. E., & Schwartz, S. J. (2010). The divided world of the child: Divorce and long-term psychosocial adjustment. Family Court Review, 48(3), 516-527.

Gay, MJ ve Tonge, WL (1967). Çocuklukta ebeveyn kaybının geç etkileri. İngiliz Psikiyatri Dergisi, 113 (500), 753-759.

Hirshfeld-Becker DR, Biederman J, Henin A, Faraone SV, Dowd ST, De Petrillo LA, et al. Psychopathology in the young offspring of parents with bipolar disorder: a controlled pilot study. Psychiatry Res. 2006;145(2-3):155-67. doi: 10.1016/j.psychres. 2005.08.026. [PubMed: 17083985]

Herring S, Gray K, Taffe J, Tonge B, Sweeney D, Einfeld S. (2006). Behaviour and emotional problems in toddlers with pervasive developmental disorders and developmental delay: associations with parental mental health and family functioning. J Intellectual Disabil Res;50(12):874-82.

Jung, CG (2014). Arketipler ve kolektif bilinçdışı. Routledge.

Öngider, N. (2013). Anne-Baba ile Okul Öncesi Çocuk Arasındaki İlişki. Current Approaches in Psychiatry/Psikiyatride Guncel Yaklasimlar, 5(4).

Kocabaş, Füsun; Elden, Müge, Yurdakul, Nilay (1999), Reklam ve Halkla İlişkilerde Hedef Kitle, İletişim Yayınları, İstanbul.

Lindsay Stonebridge. Reading Melanie Klein. John Phillips ed. (New York: Routledge, London.1998.), p. 37

Maccoby E. & Robert H. (1992). Mnookin, dividing the child: social and legal dilemmas of custody.

McLean, K. C., & Syed, M. (2015). The field of identity development needs an identity: An introduction to the Oxford handbook of identity development. The Oxford handbook of identity development, 1-10.

Meins E, Jayne HW, Alexandra L. 2008. Understanding alexithymia: Associations with peer attachment style and mind-mindedness. Pers Individ Dif 45: 146-152.

McLearn KT, Minkovitz CS, Strobino DM, Marks E, Hou W. (2006). The timing of maternal depressive symptoms and mothers' parenting practices with young children: implications for pediatric practice. Pediatrics; 118(1):e174-e82

Öner, Uğur. Benlik Gelişimine İlişkin Kuramlar, Ergenlik Psikolojisi. Derleyen: Bekir Onur, 2. Baskı, Ankara: Hacettepe Taş Kitapçılık, 1987

Özbay, Yaşar, (1999) Gelişim ve Öğrenme Psikolojisi, Empati Yayınları, İstanbul.

Ramchandani, P., & Psychogiou, L. (2009). Paternal psychiatric disorders and children's psychosocial development. The Lancet, 374(9690), 646-653.

Reichart CG, Wals M, Hillegers MH, Ormel J, Nolen WA, Verhulst FC. Psychopathology in the adolescent offspring of bipolar parents. J Affect Disord. 2004;78(1):67-71. [PubMed: 14672799]

Robinson, B. E., & Carroll, J. J. (1999). Assessing the offspring of workaholic parents: The Children of Workaholics Screening Test. Perceptual and motor skills, 88(3_suppl), 1127-1134.

Robinson, B. E., & Kelley, L. (1998). Adult children of workaholics: Self-concept, anxiety, depression, and locus of control. American Journal of Family Therapy, 26(3), 223-238.

Savikko, N., Routasalo, P., Tilvis, R. S., Strandberg, T. E., & Pitkälä, K. H. (2006). Loss of parents in childhood–associations with depression, loneliness, and attitudes towards life in older Finnish people. International journal of older people nursing, 1(1), 17-24.

Slaney, R. B., & Ashby, J. (1996). Perfectionists: Study of a criterion group. Journal of Counselling and Development, 74 (4), 393-398.

Süler, M. (2018). Çocuk ve Ergenlerde Bilişsel Davranışçı Terapi Uygulamaları: Bir Gözden Geçirme. Çocuk ve Medeniyet Dergisi, 2(3).

Sigmund, Freud.(1989). Civilization and Its Discontents. (New York: Norton and Company, p.59.

Slaney, R. B., Rice, G. K., Mobley, M., Trippi, J. & Ashby, J. (2001), The revised almost perfect scale. Measurement and Evaluation in Counselling and Development, 34, 130-144.

Stoltenborgh, M., Bakermans-Kranenburg, M. J., & Van Ijzendoorn, M. H. (2013). The neglect of child neglect: a meta-analytic review of the prevalence of neglect. Social psychiatry and psychiatric epidemiology, 48(3), 345-355.

Tangney, J.P. (2002). Perfectionism and the self-conscious: Shame, guilt, embarrassment and pride. Flett ve P.L.Hewit (Der), Perfectionism: theory, research and treatment(199-215). Washington, Dc; American Psychological Association

Torun, A., & Yıldız, K. (2013). Bir eğitim metodu olarak tehdit ve korkutma içeren ninniler ve bunların Jung'un 'Ortak Bilinçdışı' kavramı açısından tahlili.

Uçar, S., Gençöz, F. (2019). Psikanalizde Bilinçdışı. Türkiye Klinikleri Psikoloji-Özel Konular, 4(3), 41-46.

Yeşilyaprak B. (2005). Gelişim ve Öğrenme Psikolojisi, Pegem A Yayınları, Ankara.

Quigley, T. (2009). A brief outline of psychoanalytic theory: Freudian, Lacanian and object relations theory.

Wollff, Sula. (1986). Problem Çocuklar ve Tedavi (Çocuk ve Stres), Say Kitap Pazarlama, İstanbul.

Winnicott, D. W. (1960b). The maturational processes and the facilitating environment: studies in the theory of emotional development M. M. R. Khan (Ed.) içinde, Ego distortion in terms of true and false self (ss. 140-152). London: Hogarth Press and The Institute of Psychoanalysis

Zweig, F. H., & Paris, J. (1991). Parent's emotional neglect and overprotection according to the recollections of patients with borderline personality disorder. Am J Psych, 148, 648-651.